U0840838

学校教育的指导丛书　家庭教育的贴心读物

心理健康系列丛书

总主编　傅小兰

中国科学院心理研究所所长、研究员
中国科学院大学心理学系主任、教授

青少年
心理健康问题与对策

李晓云　著

中央民族大学出版社
China Minzu University Press

图书在版编目（CIP）数据

青少年心理健康问题与对策 / 李晓云著 . —北京：中央民族大学出版社，2023.7

（心理健康系列丛书）

ISBN 978-7-5660-2239-4

Ⅰ . ①青…　Ⅱ . ①李…　Ⅲ . ①青少年—心理健康—健康教育　Ⅳ . ① G444

中国国家版本馆 CIP 数据核字（2023）第 145011 号

青少年心理健康问题与对策

著　　者　李晓云
策划编辑　赵秀琴
责任编辑　罗丹阳
责任校对　李雪纯
封面设计　舒刚卫
出版发行　中央民族大学出版社
　　　　　北京市海淀区中关村南大街 27 号　　邮编：100081
　　　　　电话：（010）68472815（发行部）　传真：（010）68933757（发行部）
　　　　　　　（010）68932218（总编室）　　　　（010）68932447（办公室）
经 销 者　全国各地新华书店
印 刷 厂　北京时尚印佳彩色印刷有限公司
开　　本　787×1092　1/16　　印张：14
字　　数　151 千字
版　　次　2023 年 7 月第 1 版　2023 年 7 月第 1 次印刷
书　　号　ISBN 978-7-5660-2239-4
定　　价　49.90 元

“心理健康系列丛书”总序

傅小兰

中国科学院心理研究所所长、研究员、博士生导师

随着我国经济社会和信息网络的快速发展，人们的思想观念和生活方式随之变化，文化的多元和不确定性越来越影响到人们的生活、工作和学习，加之三年疫情的广泛影响，因此而带来的各种不同程度的压力使人们的心态开始产生形形色色的变化，家庭生活、工作实际和精神状态的走向呈现出前所未有的新趋势，心理健康问题已成为人们生活中的突出问题和挑战，越来越多的人，特别是儿童青少年因为缺乏经验并未能得到及时的心理辅导和专业指导，而产生了与身心健康有关的一系列困扰、麻烦、痛苦、无助，甚至是灾难。

党和国家高度重视国民心理健康，在《“十四五”国民健康规划》中加大了对心理健康的强调力度，明确提出“到2025年心理相关疾病发生的上升趋势减缓，严重精神障碍、职业病得到

有效控制”的发展目标。为了实现国民，特别是儿童青少年尽早走出心理健康问题以及疾病困扰和影响的重要目标，中央民族大学出版社联合中国实践实用心理学践行者、家庭教育、儿童青少年心理健康教育专家李晓云老师，共同策划并陆续出版心理健康系列丛书，可谓正当其时，相信这套系列丛书将会给广大读者带来适时的启发和帮助，并能引起社会的广泛关注。

《青少年心理健康问题与对策》一书以儿童青少年作为主体对象，主要对儿童青少年的心理健康问题进行了探讨，以教育学、社会学、心理学和哲学为研究及解析的基础，针对青少年时期这一青春发育的关键时期，也是生理和心理发生显著变化的特殊时期，找出问题症结所在，并以大量现实案例为背景向社会和读者提供现实的有效指导，使儿童青少年心理健康问题引起全社会全方位的高度关注和重视，找到解决问题的有效途径和方法。内容主要包括绪论、儿童青少年心理健康问题的形成、影响因素与应对策略等，结合案例说明解决儿童青少年心理健康问题刻不容缓，具体涉及儿童青少年成长的困惑、青春期逆反、人际关系、情感建设、情绪管理、阳光心态培养等话题，以期为儿童青少年的健康成长保驾护航。

《角色塑造：干部心理健康调适》一书主要针对干部的心理健康问题和建设问题这一主题，结合干部平时遇到的常见心理健康问题，从心理学、社会学等学科的角度探寻分析，查找问题的根源，这些问题都是由于各种矛盾产生的，当这些矛盾进入头脑，就激起本能区、情绪区或理智区的反应，当反应打破了平衡，就会产生心理疾病。该书站在现实、历史、政治和哲学的高度，以人性与制度、组织与纪律、管理与科学为着眼点和出发点，在责任明确和严格要求、讲求实效和政绩突出的同时，切实关注并落实干部心理健康建设，为其成为政治坚定、作风优良、业务精干、勤政务实和政绩突出的好党员好干部打下坚实的基础。具有较强的针对性和指导性，对干部应对心理健康问题、保持良好精神和工作状态有一定的指导意义。

国民，特别是儿童青少年的心理健康无小事，中央民族大学出版社和作者的这一善举值得认可和赞许，他们策划并出版这套“心理健康系列丛书”是从心理学、教育学、社会学和社会现实角度的一次积极而有益的尝试，对于受困人群受启发、触动和摆脱心理困扰将起到针对性和指导性的积极作用，并产生及时和良好的社会影响和意义！

期待并衷心祝贺“心理健康系列丛书”如期出版。

目　录

绪 论

儿童青少年是国家的希望和未来，儿童青少年时期是体验生命意义、提高自我认知、形成人生观的关键时期。儿童青少年的健康成长关系到每一个家庭的和谐幸福、社会安定，更关乎国家的进步发展和民族的未来希望。

儿童青少年时期往往被描述为人生中最美好的时光，但对于很多儿童青少年来说，实际情况却并非如此。由于青少年时期是青春发育的关键阶段，也是一个生理和心理都会发生显著变化的特殊时期，对许多青少年来说是一个充满着压力与挑战的时期。尤其是儿童青少年心理健康已成为关系国家和民族未来的重要公共卫生问题。问题在于儿童青少年的心理健康问题不仅会导致个人痛苦、造成家庭负担、影响他人，还会给社会发展带来潜在的消极影响。

《中国国民心理健康发展报告（2021—2022）》蓝皮书指出，2021—2022年，在新冠疫情的影响下，心理健康风险上升为全球十大风险之一。在各类群体中，儿童青少年的心理健康问题引发了极大程度的关注。《"十四五"国民健康规划》将心理健康内容明确纳入发展目标，提出2025年的发展目标为："心理相关疾病发生的上升趋势减缓，严重精神障碍、职业病得到有效控制。"2021年7月，中共中央办公厅、国务院办公厅印发《关于进一步减轻义务教育阶段学生作业负担和校外培训负担的意见》，同年7月，教育部办公厅发布《关于加强学生心理健康管理工作的通知》。同年10月，全国人大常委会又通过了《家庭教育促进法》，都旨在通过政府、社会和家庭全面促进社会观念和行为的改变，为儿童青少年营造更加有益心理健康优质发展的氛围和环境。

中国科学院心理研究所发布的《2022年青少年心理健康状况调查报告》显示，参加调查的青少年中有14.8%存在不同程度的抑郁风险。从个人因素、家庭因素和社会环境因素对青少年心理健康的影响分析表明，内在状态不佳，如低生命意义感、高空虚感与青少年更高的抑郁、孤独和手机成瘾相关；青春期过早或过晚启动都可能对心理健康产生负面影响；家庭社会经济地位、家庭结构、父母的养育风格和父母关系均是青少年心理健康的重要影响因素。

另据中国儿童中心和社会科学文献出版社日前联合发布的《儿童蓝皮书：中国儿童发展报告（2021）》显示，我国中小学生的心理健康问题呈现逐年上升态势。在《中国教育报》发起的2023年两会教育热点话题调查中，学生心理健康是受读者关注的话题之一。

现实中的儿童青少年，随着时代的变化、社会经济的进步和科技与信息化的快速发展，似乎活在两个世界中，一个是现实世界，另一个是虚拟世界。他们一方面享受着优越的生活条件和社会进步发展所带来的各种红利，一方面又面对和承受着成长过程中的种种困惑和压力。尤其是近些年来，学业的压力、疫情的焦虑、网络信息的诱导、社会风气的影响和亲子关系的摩擦相叠加，青春期孩子的心理健康问题越来越突出，儿童青少年心理健康问题的发生率和相关疾病问题也更加明显。

特别值得关注的是，目前心理健康问题呈现出低龄化不断上升趋势，空虚、无聊、焦虑、抑郁和极端等问题与行为时时出现在儿童青少年成长之路上；他们时而在无奈和无助中左摇右摆，时而在困扰和痛苦中呻吟、呐喊，时而又在抓狂和无奈中无度发泄，“成长的烦恼”成了越来越多孩子的生活常态。本该属于他们多彩的生命体验和快乐感受也随之变得越来越无聊无趣和黯淡无光。

健康无小事。儿童青少年心理健康问题已经成为当下和未来影响国家发展、民族进步和社会和谐稳定的重大公共卫生问题和社会问题。如何遏制儿童青少年心理健康问题上升势头，抓住儿童青少年价值观塑造的关键时机，尽早并及时止损，还孩子们一片阳光灿烂的成长天空，让一个个家庭回归正常和幸福，让社会重现和谐和美好，已经成为全社会的当务之急，责任重大，意义深远。面对儿童青少年的心理健康问题和危机，政府、家庭、学校和社会默契、高效联动，积极采取早预防、早发现、早干预、早治疗举措，既要“救火抢险”，更要防患于未然，将一次次“危”化为一个个“机”，为儿童青少年心理健康构筑起一道既全面又牢固的安全“防护网”，为他们的健康成长和无限美好的未来发展保驾护航。

第一章
刻不容缓：儿童青少年心理健康问题

在我国，越来越多的孩子正在遭受着因学业过重、亲子关系紧张、网络成瘾等问题造成的抑郁症以及一系列心理、精神障碍的困扰和折磨。新时期儿童青少年的心理危机与健康问题，已经成为国家、社会和家庭共同面对的一个急迫而艰难的现实课题。面对着一个个弱小且年轻的生命，我们向全社会呼喊：儿童青少年心理健康问题刻不容缓！

随着社会经济的快速发展，我们的教育也面临着如何适应、调整、创新和改变的严峻挑战。

儿童青少年心理健康问题关系到千万家庭的幸福和安定。在儿童青少年成长的这个关键时期，孩子们的生理和心理都在发生着快速的变化。如果在这个特别的成长与变化的“窗口期”遇到心理问题与障碍，我们的教育不能积极面对和解决好，就可能影响孩子们一生的正常发展和未来无限的可能，让本该自由奔放和阳光多彩的年纪从此蒙上阴影。

时至今日，有关儿童青少年因心理健康问题而造成令人遗憾和绝望的负性事件时有发生，正一天天地在伤害和毁灭着一个个孩子和家庭。

儿童青少年的成长是不可逆的，也是无法复制的；这个成长的美好时期，一切失误与错误都将给他们造成可能无法挽回的影响和损失，甚至是毁灭性的家庭灾难。因此，在这个关键时期，家庭就成了关键的“第一主阵地”，父母就成了重要的“第一指挥官”。如何真正担负起对孩子的这份重任就成了必须认真思考和对待的问题。不言而喻，孩子的问题背后其实就是父母的问题。那么，我们就来破解一下“问题父母”这一难题。

依据本人从事家庭教育和儿童青少年心理健康实践和研究工作近三十年的体会和经验，可以把“问题父母”大致分为两类，第一类是“失责忽视型”。这类父母有的以工作忙碌、没有时间为由，有的父母只顾孩子的物质需求而忽略了心理和情感需求。他们往往有时间时，要么不愿要么不会和孩子亲近与沟通，渐渐地就拉开了与孩子的情感距离。随着时间的推移，孩子在遇到学习、生活和情感的困惑时也就不愿或不会找父母交心并寻求帮助。第二类是“过度关注或控制型”。这类父母往往把家庭和生活的重心完全放在孩子的身上，尤其是学习和成绩上，彻底掌控着孩子每一天的学习、休闲和娱乐时间，以“全职保姆”的身份和方式包办一切；只要孩子遇到问题，他们就会马上“挺身而出”，不顾孩子的实际情况和想法、感受而通通代为解决，以“爱”的名义剥夺孩子独立思考问题的机会，让孩子始终处于完全被动的状态，同时又剥夺了孩子独立面对困难、自主解决问题和心理承受与抗压的能力，结果往往就是事与愿违、适得其反。

一、成长困惑

“小小少年，很少烦恼，眼望四周阳光照；小小少年，很少烦恼，但愿永远这样好；小小少年，很少烦恼，无忧无虑乐陶陶……”这首《小小少年》唱响了世界，唱出了所有纯真少年的心声。

每一个生命从一开始就渴望着阳光雨露的滋润，每一个孩子从呱呱坠地就盼望着爱的温暖和呵护。每一位初为父母的家长无不因为小生命的诞生而欢欣鼓舞、幸福快乐不已。每一个生命从成长的第一天开始就面对和承受着来自自然和人文环境的影响，在风雨、阳光中一天天成长着，或喜或乐，或忧或愁，或顺或逆……

以下是选自本人从事心理辅导教育经历的一个个真实案例，掩卷而思，发人深省。

1.被“不要输在起跑线上”圈住的小孩

求助者：东东（为尊重当事人隐私，本书所记录的真实案例当事人姓名皆为化名），一名帅气十足和活泼可爱的小学男生。在爸爸妈妈、姥姥姥爷和爷爷奶奶的一路呵护和关爱下，东东无忧无虑地度过了无比快乐和多彩的幼年，迎来了人生的下一段美好时光，精神抖擞、喜气洋洋地走进了小学校园，开启了全新的童年时光和校园生活。崭新的校服、新奇的书包、五彩的文具、童真的喜悦、神奇的想象已经把东东带进了一个童话般的世界……

尽管，由于“幼小衔接”给东东带来了一小段时间的不适应，但是，宽阔的校园、全新的小伙伴、多彩的学习活动和不一样的生活方式，还是让东东真切地感受到了“长大”给他带来的从未有过的成长体验，一种心智发展中潜移默化的生命滋味，得意、快乐和满足。

然而好景不长，随着学习科目和内容的增加、一次次阶段学习后的测试和学期结束前的各种评比，还在懵懂中的东东渐渐地开始被稚嫩的自尊心所困扰，原本纯真的心灵开始了人生中第一次不明的波动。与此同时，又叠加了因为父母的不安和不甘而给东东学习和精神上的“加码”，除了学习上的一次次督促发展到步步紧逼外，还伴随着一个个课外补习班的“加持”，让东东一时间“丈二和尚摸不着头脑”，并开始了想都想不到的不爽、不快和莫名其妙的压力与困苦。

东东又何曾想到，这些因上学而带来的一个个“意外”，只是他“成长的烦恼”的开始，一段初登学习生涯的“前奏曲”而已……

“东东，咱们又不笨，为什么要输给别人！你看看你们班的毛毛和婷婷，你们班主任老师又在家长会上表扬他们俩了，他们的妈妈笑得那叫一个开心，咱们可不能输在‘起跑线’上呀！儿子，加油、加油！”妈妈带着强有力的语气鼓动着东东。

从此，原有的一切自在、自主、快乐和奇思妙想开始离东东的内心世界越来越远，往日对学校、学习和小学生活的美好憧憬也在不知所措中变得沉重和灰暗起来。每天除了学习还是学习，东东出了这个补习班又踏入另一个补习班，晚上除了这个作业就是那个习题，没完没了，让他本该多彩、快乐的童年变得单调、无聊、无趣和黯淡无光，让他透不过气来。

2. 不要在“成长的烦恼”上跌倒

求助者：小虎，性格偏内向，长得英俊帅气，一直都是父母和别人眼中的乖孩子、好孩子，更是班里很多父母拿来教育自己孩子的学习榜样，正所谓“看看别人家的孩子”。小学毕业以优良的成绩升入了重点中学，顺利地完成了三年初中学习，中考又以较好的成绩被市重点中学录取，成了父母和老师心目中的骄傲，自己也成长为一个一米七六的帅气小伙，额头上那零零星星的青春痘标志着他结束了花样的少年生活，朝气蓬勃地迈进了充满希望和挑战的青春年华。

尽管在初三上学期因持续学习紧张，小虎病了一场，但因及时的治疗和父母的细心呵护，身体很快就得以康复，回到学校继续上课。从小就自尊心很强，一直都在乎自己名誉的小虎不仅没有因病而掉队，还在中考冲刺时将自己在年级的排名提前了十几名，可谓勇往直前，越战越勇。

进入高一下学期后，小虎好像突然间变成了另外一个人似的，变得沉默寡言起来，整个人的状态也发生了翻天覆地的变化，时而坐立不安，时而焦躁不定，情绪波动很大，似乎连自己都不认识自己了。父母更是觉得莫名其妙，措手不及。一路顺风顺水、无往不利和希望无限的儿子怎么会来了一个历史性的大反转，昔日基本上是自主自觉学习，学习状态和成绩稳定，情绪良好，自信满满，时而幽默搞怪的儿子形象已在他们的视线中消失，站在面前的这个人完全成了一个陌生人，冷漠中还带着一丝丝的可怕，让他们实在是难以想象、无法接受，从而感到惴惴不安起来。

成绩从出现波动到开始明显下滑，身体从体重下降到大幅消瘦，脸色灰暗神情怪异，寝食不安，脾气急躁；有时要么因一言不合而大喊大叫，甚至暴跳如雷；要么长时间闭门不出，拒绝说话交流。小虎的突变和强烈反差，让一直因儿子而得意扬扬的父母一方面始料不及，一方面从毫无准备、举足无措到焦躁不安、情绪失控。从此，原有的自然轻松、和谐幸福的亲子关系开始产生裂变，家庭氛围被一层灰暗和沉重的阴霾所笼罩，一时间让人透不过气来。

小虎的这一切变化和状态又何尝是他自己心甘情愿的选择！好好的过去在不知不觉中演变为基本是颠覆性的现在，往日的一切顺畅与美好在时间的某个节点上悄悄地转变为乌云密布下的困阻与糟糕。已具备并拥有小学和初中良好学习基础和成绩的小虎又何尝不想一路前行，继续一步步地去赢取下一个、再下一个理想和美好的未来！又是什么原因和问题导致他走入如此这般无比遗憾和痛苦不堪的尴尬境地，仿佛老天爷跟他开了一个天大的玩笑，让他哭笑不得，难以自拔？

经过一段时间的家庭“冲突”与“战争”，起起落落与反反复复的努力和折腾，疲惫不堪的小虎和父母在必需的冷静之后似乎察觉并发现了问题的端倪。小虎的焦躁不安和父母的惊慌失措给整个家庭带来的痛苦与磨难也正等待着期盼已久的转机和希望！

案例解析

冰冻三尺非一日之寒，看似小虎高中前“顺风顺水”的生活和学习，其实已被曾经的一切成绩、进步、理想和美好所冲昏头脑，完全忽略了除了学习以外的其他看似“无用”和“不重要”的东西，特别是小虎持续学习压力下又叠加青春期的不适感受与反应，随之所形成并带来的一系列变化、影响和后果，而这些问题恰恰就是以上所有问题、麻烦和痛苦的根源所在。

一方面是小虎随着年龄的增长而与“成长的烦恼”的必然“遇见”。生理变化所带来的身心反应和不适与逐渐增强的学业压力和父母步步紧逼的要求之间的矛盾，加之少有或无法获得来自父母、老师和其他人的及时引导和帮助，从而失去了积极有效的具体的有力心理支撑，使得小虎在缺乏经验、似懂非懂和手足无措下出现了无助、无奈、困惑、焦虑和不安，甚至抑郁、过激的情绪反应和行为表现。另一方面，由于父母或因工作忙碌少有时间和小虎相处，或因生活压力忽略了亲子关系建设，或因性格习惯缺乏对小虎个性特点的了解与尊重，又或因对父母是一份职业与学问的认知、自律和学习的意识与努力的缺失，再或因个人教育理念的固化、偏颇、功利和理想化，甚至是教条式的急功近利、不惜代价，因此而角色错位、缺位。在自以为是、不知不觉中丢失了作为父母起码和应有的责任，在对儿子行为和心理变化的放任自流中贻误了必要和关键的“战机”，造成了看似突如其来的毁灭性打击和伤害，为儿子因亲子关系的淡漠、紧张而带来的孤独等负面情绪和问题埋下了“伏笔”，使生理和心理正处于显著变化时期的小虎必然滑向心理健康问题和精神开始崩溃的境地，无力无助，难以自拔。如此成长，怎能不困惑、烦恼、抑郁、垮塌……

3. 不要在该奋斗的年龄“躺平”

求助者：壮壮，一米八二的个头，略带些许腼腆的俊帅小伙，但又是俗话中的“妈宝男”，一个看似带着“矛盾”的生命个体。按照世俗的眼光，壮壮称得上一个幸运儿，因为有一对高素质、事业有成和关系和谐的父母，且家境良好，可谓从小就生活在一个天时地利人和的环境中。父母的修养为他打下了明亮的人生底色，也让他能够成为一个具有优良品质的好孩子。

就现实情况而言，壮壮的成长、生活、学习和情感基本上没有出现过什么大起大落，在小学、初中和高中阶段的学习和学业上也没有发生过大多数同龄人所经历的过重压力、紧张和痛苦，基本是在顺其自然的环境和条件下一天天长大的，心理磨难的感受与经历似乎与他无缘、无关，从这个角度来说，他便成了很多家长羡慕的“别人家的孩子”。

壮壮的学习虽然也鲜有出奇的色彩，但还是比较顺利地渡过了一关又一关。或许也是因为自己偏内向的性格和父母相对平和的性情，所以没有出现过家庭和亲子关系的紧张和明显冲突。基于这样既幸运又难得的家庭实际和状态，壮壮在义务教育阶段生活和学业中的一些小摩擦与不快、小烦恼与困惑自然也就可以忽略不计了，可以算得上相对的完美。

诚然，壮壮的成长和人生经历也不例外会有缺憾。由于高考成绩差几分，他未能如愿考入理想的“985”重点大学，而“屈尊”进入了一所勉强能接受的外地重点大学，开始了五年制漫长的大学生活和学习。屋漏偏逢连夜雨，五年的大学时光，却有近三年的时间是在新冠疫情的笼罩下以线上的方式度过的。本就带着很多不甘遗憾步入了大学校园，又失去了真实而鲜活的生活体验。大学生活本是自我发展、身心成长、知识积累、个性完善和人生素养培养的关键时期，经历着从青春期向成年早期的过渡和转变。而这个时期的生活却又充满了不稳定和不确定性，同时又面对着来自各个方面的多重压力和挑战，尤其是要面对角色和年龄的转换与变化，环境的完全改变，全新复杂的人际关系，脱离父母和家庭独立生活等一系列的成长考验。然而，就在人生发展的这个关键时期，又叠加突如其来的新冠疫情，给没有防备，更无经验的这群年轻人重重的一击，原本就不牢固的身心防线一时间就被突破了，彻底打乱了正处在迷茫又无助中的生活秩序和万千思绪，可谓无独有偶，雪上加霜。

按照壮壮的说法，他是在半梦半醒和稀里糊涂中完成了大学五年的学业，与上大学前的学习心态和状态相比完全是“另外一个世界”，从主动变为了被动，从基本上带着兴趣变为乏味无趣，从还能“看见”自己变为已经“找不到”自己，从期待理想的曙光变为前途已一片渺茫；生活和学习已经完全变了味，十几年努力奋斗的成果和希望就这样毫无理由地被现实的阴霾所掩埋，给本该多彩靓丽的青春涂上了灰暗、沉闷的颜色，打上了痛苦、悲哀的记号。

当壮壮拿到研究生考试的分数回到家的那一刻，抱着妈妈就痛哭了一场，无法自拔，甚至痛不欲生。妈妈虽然感到猝不及防，但还是紧紧地拥抱着比自己高出一个脑袋、浑身抽搐和泪流满面的儿子，瞬间也是以泪洗面，上演着真真切切母子同心和相依为命的情景剧，只有主演，没有配角，没有观众，更不知结局又将如何。然而，或许这个时刻妈妈正在体味、感受和反思着此情此景以外的原因，为什么她的宝贝儿子在已是成年的时候，还因人生的又一次考试而如此痛苦、无助和大失所望呢？妈妈感到百思不得其解。

案例解析

树有根，水有源！不言而喻，从小被父母“一路呵护”，尤其是妈妈坚定不移地“疼爱有加”，才把壮壮造就成了一个活脱脱的“妈宝男”，一个人生悲剧舞台上的绝对“男主角”，而作为“编剧兼导演”的父母却一直感觉良好地“创作”着儿子主演、自己扮演的一出现实的人生“戏剧”，而全然不顾所有“参演”

的角色定位、个性特征、冲突把握、相互配合、思想交流、情感控制、艺术规律和剧情发展，给这出人生“大戏”从一开始就留下了难以成功的“硬伤”，除了遗憾外，就是完全失去了当初用心“创作”的愿景和价值，彻底背离了“艺术来源于生活”的现实意义！

所以，虽然壮壮的“成长的烦恼”看似“迟到”了，但它却一直没有“缺席”，也才造成了已是二十四岁的成年壮壮只因一次考试成绩的不理想、不如意就如此不堪一击！正如鲁迅先生所言：“失掉了现在，也就没有了未来。”

壮壮，相对于大多数同龄人来说，他在义务教育阶段的成长是比较顺利的，除了在高二下学期因运动受过一次轻伤外，他的生活和学习总体上是相对顺畅和平稳的，所以才称他为“幸运儿”。俗话说：金无足赤，人无完人。这句话道出了人生总会有不如意和不尽如人意的时候和地方，人生总会存在一些缺憾的道理。其实，每一个人都不可能是完美的，在人的一生中，每一个人都有不愿意被触碰的点，无论是身体上还是心理上都不想去正视；在每一个人的内心中，总会对一些人或事感到不满意、不满足，感到不够完美。犹如作家契诃夫所言：要是活过来的那一段人生只是一次草稿，有一次誊写，该有多好。所以，人生的完美与不完美其实就是一个概念，关键就在于每一个人对它的理解、判断、选择和态度。

成长，是一个过程；生命，是一个完整的周期。人生的每一个阶段都是成长、成熟的基础，只有夯实成长过程中的每一段基础，才能一步步去实现一个个阶段的成功，直至人生大厦牢固矗立。

二、自我认知能力局限

人的认知能力往往是随着年龄的增长而逐步得以提升的。但是，认知能力的程度和水平又会受到主客观和内外在因素的影响而产生不同的情况，也因此会受到不同程度的局限，尤其反映在儿童和青少年成长的不同时期。

认知能力是指人脑加工、储存和提取信息的能力，即人们对事物的构成、性能与他物的关系、发展的动力、发展方向以及基本规律的把握能力。它是人们成功地完成活动最重要的心理条件。如知觉、记忆、注意、思维和想象等能力都被界定为认知能力。依此解释，“心理”概念成了认知能力的一个重要和关键条件。

那么，我们又如何来解析“认知”？首先，认知是一个人通过对事物进行分析后再做出判断的一种能力，而其中又潜藏着每个人面对问题的思考深度与广度、对信息接收以及处理的方式；其次，又是一个人思维、视野和心智等综合素质与能力的具体体现。

这里，我们着重对儿童青少年在感知力、观察力、注意力、想象力、记忆力以及问题解决能力等认知能力与水平，认知发展与局限问题做一实际探究，入其中，出其外，以期儿童青少年自身和教育参与者能够理智地把握其中规律并更好地实际运用。

1. 洞察孩子对事物与现象的直觉与认知

一个人从幼年时期没有目的地对事物的外表感知，观察事物具象的、表面的和鲜明的东西开始，到进入儿童时期渐渐地具有一定的目的性，逐步地按照同伴行为活动的影响和父母或其他成人的提示、要求，有意地进行感知和观察活动，再到青少年时期认知活动的目的性大幅提升，认知过程中自我评价和自我控制能力的明显增强；同时，认知结构中各要素快速走向成熟，智力发展水平和个体差异特质基本定型，在心理活动的整个过程中，感知、观察、想象、记忆、判断等能力以及性格、情感的相互作用，协同发展，使个性化心理活动的整体水平在认知各项能力的增强中得以实质性提升；进而，抽象思维能力明显提高，并由简单、基本经验向丰富、实质理性过渡，使逻辑思维能力在体验和认知中迅速发展，并一步步走向成熟。

案例：苗苗，五岁，古灵精怪，活泼可爱。沙滩、大海、阳光，阵阵凉爽的清风伴随着波光粼粼的浪花，让苗苗和爸爸妈妈、姥姥姥爷一家人完全沉浸在疫情后第一个新春欢乐的海洋里，其乐融融，得意扬扬，快乐无限。

“苗苗快看，太阳落山喽！”妈妈指着绚丽晚霞尽情释放的方向，满足又欣慰地喊出来。“妈妈，太阳不是落山了，是‘落海’了！”苗苗的这一快速反应瞬间“惊呆”了旁边的一家大人！落山、落海，仅一字之差，却让一个五岁的小孩立即发现了它们的根本不同！及时、本能的“纠错”并不是来自她对文字的把握，而仅仅是依据她这小小的年龄对某一种事物与现象最直接、朴素和简单感知后的直觉与认知，纯真而明亮。

大人们还惊讶于这个小小的“至尊宝贝儿”的一语惊人时，苗苗又有了新的发现。妈妈一边和家人对视着、交流着，一边轻轻地揉搓着左膝盖。“妈妈，您怎么了?”细心的苗苗很认真地关心着妈妈的异样举动。“宝贝儿，妈妈上个月刚做了一个小手术，这里还有一点儿不舒服，没事的，谢谢你，妈妈的宝贝儿!”妈妈欣慰地对苗苗说。“妈妈，不是‘手’术，是‘腿’术!”妈妈的话音未落，苗苗就斩钉截铁地冲着妈妈，有点急躁地大声说道，仿佛她的潜台词是：“妈妈，您怎么又犯同样的错误：用词不准!”

案例解析

这是一个五岁小孩的认知反应和水平，朴朴实实，简简单单；还透着一种好似森林中那清脆鸟鸣的自然、纯净和甜美。也是这个年龄段孩子认知局限的一种真实，而其中的直白、简单和幼稚，甚至还潜藏着一种“无知”，这些恰恰又是孩子在这个成长过程中特别精彩和弥足珍贵的东西，时不再来。

2.重视孩子认知的局限性与成长性损失

小虎，看似顺顺利利地走过了懵懵懂懂的幼年和似懂非懂的童年，并且在与父母相互适应和彼此接受的氛围中度过了一段

“平安无事”的成长时光。然而，也就是一直带着这样的感觉与认知，伴随着小虎在特有的成长过程中渐渐地“生长”出了“专属”于自己青少年时期的“成长的烦恼”。

由于父母面对小虎一直以来学习得比较顺畅和成绩的相对理想产生自以为是的满足感，自然而然地忽略了对孩子在成长过程中的变化与规律的用心观察、及时发现和适时交流，所以就间接地回避了小虎随着年龄的增长对自我认知、自我判断和自我选择方面指导和帮助的需求。加之，年龄和生理因素的影响给小虎的认知能力的培养和认知水平的提升带来了不可避免的局限性和成长损失。

进入青春期的小虎，一方面进入了认知能力快速提升的关键期，但另一方面又进入了认知变化左摇右摆的迷茫期。有时凭着直觉安排自己的行为活动，以顺其自然和听天由命的心理打发着时间；有时又在父母和外在因素的左右与影响下，或不得不被动地“就范”，或在抗争中做出扭曲的选择。

案例解析

不管如何，小虎从步入青春期开始的认知由于受到主客观因素的影响，尤其是未能获得来自各方的及时提示、引导和有力帮助，必然导致他在这个时期认知能力与水平、独立自主与思考和明智判断与选择的局限，甚至是破坏性和伤害性的严重影响。因此，才让他步入青春期后发生了诸多看似突如其来的一系列问题与苦恼，让他和父母不知所措，难以接受；心理上的强烈反差使他们开始出现不同程度的情绪波动，并产生了从未有过的焦虑、不安、急躁，甚至暴躁；恍惚、抑郁也在不知不觉中“上身”了。完全打破了往日的生活规律和平衡，一家人从此陷入了无奈的遗憾和无限的痛苦境地之中。

陶行知先生的一句教育名言或许能够带给我们一些现实的警醒：“真教育是心心相印的活动，唯独从心里发出来，才能打动心灵的深处。”但愿作为父母的我们，在“关注”和“重视”孩子的学习和成绩的同时，切莫忽略和放弃主动倾听、有效陪伴和及时沟通与耐心交流的责任和机会。

3.警惕因父母的缺席和错位加重孩子的认知问题

壮壮的“成长的烦恼”看似只是出现在青年时期，父母更是仅仅面对当下的现实而选择“头痛医头脚痛医脚”，却完全忽略了“冰冻三尺非一日之寒”的客观辩证道理所在。

壮壮步入青春期和初为成年人所出现的一系列“反常”现象以及父母眼中毫无防备的棘手问题是以过往几个成长阶段为基础的，即所谓“反常”和“问题”的种子早在之前就已经埋下了，只是被他自己和父母忽略和轻视了。然而，你不去解决问题，问题就会解决你。

在现实生活中，特别是面对并承担孩子教育任务的父母与家长（相当一部分上一辈人以相同与不同的方式或深或浅地参与其中），因受到自身成长背景、性格、学历、职业、价值观以及身心状态等因素的影响，自身的认知能力和水平局限就存在着不同情况和程度的问题，由此必然就会“波及”孩子的身上，并产生因果关系，俗话说：种瓜得瓜种豆得豆，这是现实生活的不二法门，不以任何人的意志为转移。

壮壮的认知能力本来就会受到年龄和环境因素的影响和局限，再随着心智的变化和发展，开始并不断出现这样那样问题的时候，父母责任的错位和缺位自然就会导致问题不断积累后的难度加剧，甚至出现自然而然的裂变，正所谓“千里之堤，溃于蚁穴”，当壮壮的内心已经在不断地发出“我都不是我了!”的信号时，身边的父母或许还沉浸在“我们的宝贝是好样的，不会有问题!”的自我欣赏和自以为是的得意扬扬中。

案例解析

壮壮在不断成长中的自我认知问题和困惑如果能得到父母及时的“发现”并适时获得引导与帮助，能够尽早地对不断出现的各种问题有一个“提前”的心理准备并较好地掌握一些技巧和方法，及时缓解或化解问题与困惑，做到基本上事事心中有数和未雨绸缪，就不会仅仅是因为一次研究生考试的成绩而瞬间跌入人生的谷底，不能自拔，连日不思茶饭、无颜面世、以泪洗面。一直以来的“妈宝男”成了今天的“妈宝难”。

痛定思痛，父母只有和孩子真心相伴，耐心倾听，一同成长和学习，勇为榜样，甘于付出并积极和善于参与孩子成长的全过程，及时发现问题，坦然面对问题，并具有“完事必得法”的信念与精神，和孩子共同面对，攻坚克难，壮壮就不会变成家庭中的“老大难”！

希望我们能够从家庭教育的“鱼缸法则”中，汲取营养并获得教育的警醒和启示：心灵成长需要自由。小鱼放进鱼缸里，几年以后依然还是小鱼。有一天把小鱼放进池塘，没想到小鱼竟然疯了似的长得很大。孩子就像那条小鱼，我们给他的空间有多大，他的成长就会有多大，如果我们总是把他养在温室里细心呵护，那他永远学不会经历风雨。

我们只有真正学会放手，多给孩子能够自己掌控的空间，孩子才会飞得更高，走得更远。

给教师和父母的提示

近代教育大家、北京大学原校长蔡元培先生早言道：教育者，非为已往，非为现在，而专为将来。他还曾经语重心长道：要有良好的社会，必先有良好的个人，要有良好的个人，就要先有良好的教育。但是，何谓“良好的教育”？我认为，适合、适时和有效的教育就是良好的教育。其中，首先要解放孩子的头脑和双手，释放孩子的空间和时间，使他们在充分得到自由的生活，从容不迫的心理状态下去自然、有序和正确地认知所面对的事物、变化和自我，并逐渐地学会分辨是与非、轻与重、主与次和利与弊，并有效地避免因种种因素的不当、不良影响而导致的认知、判断和选择局限，使孩子在既有独立精神，又有行为规范的生活中获得真正良好的教育，而非只是注重学习和成绩，忽略了培养孩子如何做人和成人的道理与责任。孩子不应该除了读书还是读书，除了学习就是成绩，而应该明确地认识到自己的真正责任是学习人生之道和懂得生命的价值与意义。

现实中，无数的教育实践与案例告诉我们：教育就是要对孩子的未来负责，更要看孩子一生的发展，而不是看一场考试的结果，尤其是不能把孩子的一生仅仅简化为一场场考试。父母在教育上最容易犯的最大错误，就在于对孩子所谓的“爱”，常常放在吃好、穿好、用好到学好、成绩好上，没有一件事是不插手、放过的，却“义正词严”地漏掉了应该却没有履行的父母责任和教育权力。所以，结果显而易见，是非不辨自明。

三、儿童青少年心理健康问题刻不容缓

目前，我国儿童青少年心理健康问题无论在广度上还是在深度上都值得关注，越来越多各年龄段的孩子走向无聊、无趣和孤独，陷入自闭、抑郁和行为极端，进而自残、自伤甚至放弃生命；同时，使不少家庭走进或深陷生活的阴霾与痛苦的深渊，不断地上演着一幕幕人生的悲剧，给孩子们本该晴朗的天空蒙上了一道挥之不去的阴霾。

特别是，在新冠疫情的冲击和影响下，儿童青少年群体的抑郁风险明显高于其他群体，并呈现出“失控”之势。在这样的背景下，虽然已经开始引起全社会不同程度的关注，国家出台了《家庭教育促进法》（自2022年1月1日起施行），2022年，《国务院办公厅关于印发“十四五”国民健康规划的通知》强调要“促进儿童青少年身心健康，加强儿童青少年心理健康教育和服务”；社会各方也在以各种方式进行尝试性的努力，家庭更是像无头的苍蝇似的“有病乱投医”，但是，依然没有找到解决这一严重问题的实质性办法，使得旧账未结，新账又出。救急如救火！

《中国国民心理健康发展报告（2021—2022）》蓝皮书显示，在本次调查中，抑郁风险检出率为10.6%，焦虑风险检出率为15.8%。抑郁和焦虑水平的年龄影响因素高度相似。青年为抑郁

的高风险群体，18～24岁年龄组的抑郁风险检出率高达24.1%，与以往青少年群体的抑郁风险检出率相似，并显著高于其他年龄组。本报告对全国范围内超过三万名青少年的调查数据进行了分析。结果发现，参加调查的青少年中有14.8%存在不同程度的抑郁风险，其中女生相对男生有更高的抑郁、孤独得分；总体上，抑郁、孤独、手机成瘾得分有随着年级增长而升高的趋势；住校、父母外出工作、多子女家庭中排行老三或更小的青少年有更多抑郁、孤独、手机成瘾问题。及时了解青少年心理健康状况和影响因素具有重要意义。因为，这一阶段也是青少年心理健康问题的高发期，他们的心理健康问题不仅会导致个人痛苦、造成家庭负担，也会给社会发展带来潜在的消极影响。日常表现为较长时间的持续情绪低落、兴趣丧失、思维迟缓和情感冷漠等症状的青少年不在少数。因此，抑郁已经成了青少年最多见的一种心理健康问题，并且也是自杀的重要风险因素；它对青少年这个群体的生活、认知、学业、社交和情感等多方面都会产生极其消极的影响和危害。

1.本不该发生的“好学生”的时代悲剧

案例：两年前，一封14岁女孩的遗书让读到的人泪目，字里行间，她却无处不在表达自己作为一个“好学生”的无奈与痛苦，以下是截取的一些段落文字，从中可以看出这个女孩的真实情感与内心世界：

“想想也没什么，你们爱的不是我，是冲进班级前十的我，是排名年级前二十的我，是考到满分的我。你们心目中的完美女儿太优秀，我达不到。开学就是初二了，你们口中美好的小学，轻松的预备，快乐的初一，我都是玩命扛下来的，哪还敢奢望什么魔鬼初二初三。也没有什么好可惜好难过的，是你们说不指望我的，我相信你们。我是带给你们荣誉的人，严格出孝子的代言人，在朋友面前攀比的工具。”“中国人爱说小孩疯掉是因为学习压力大，可明明是家长把成绩看得太重，后来明白了，因为他们不知道自己错了，过去不知道，现在不知道，未来更不可能知道，孩子喜欢的玩耍方式一直在变，我们满意的作业量一直在改，流传下来的却是上一辈的那句‘我们在你们这个岁数是没有怎么怎么样，所以现在才怎么怎么样，因此你一定要怎么怎么样’但凡你真的认识到自己的差都没脸说出这种话，但凡你在这方面有一点基因我们都不会这样。这年头就是这么怪，坐在沙发上，躺在床上的人永远有资格指着鼻子骂一个正在读书或写功课的人，不为别的，就因为人家是长辈。是我太懦弱了，不敢面对下一次语文六十多分，数学七十多分和英语八十几分，我还是活成了自己最讨厌的样子。”

从这个女孩的遗书中完全可以看出她还是以正常心态在书写着她的最后安排，思维逻辑清晰，措辞简单明了，看得出也是一个学习能力不错的学生。有序的言语中潜藏着她由来已久的疲惫、无奈与不甘，甚至还向父母家人暗示着丝丝的求生愿望。但是，令人心痛的是，除了娓娓道出即将放弃生命的一切原委外，她依然没有忘记给这个已经让她感到失望的世界，留下自己的真实与坦诚，真爱与善意，她选择了最后一次做父母细心和贴心的好女儿。

案例解析

读罢这份看似轻松却沉甸甸的遗书，在无限遗憾和惋惜的同时，我们是否应该对这一本不该发生的人间惨剧来一个痛彻心扉的解析和反思？尤其是对为什么众人眼中的“好学生”最终会一步步地演变成了“受害者”的残酷事实做出一个不可推卸的责任拷问！

毫无疑问，什么才是一个“好学生”的正常心态，已经成为包括父母在内的所有教育参与者的人生必答题。临床心理学博士，精神科主治医师，北京大学心理健康教育与咨询中心副主任、总督导、青少年心理健康领域专家徐凯文博士曾统计发现：北大每年有高达30.4%的新生厌学，另有40.4%的学生认为活着没意义，只是按照别人的逻辑活下去而已。那我们如何来定义“好学生心态”呢？它是指一味地去迎合父母与外界的期望而“心甘情愿”地去改变自己的言行举止，并无可奈何地努力成为别人眼中的“好学生”“好孩子”呢，还是指遵从自己的内心，有独立思考和见解地使自己一步步成为一个真实的、有血有肉、知冷知暖和能够明辨是非的正常的自己？它是指言听计从、甘心屈服、习惯性地去讨好父母与外界，因此做任何事都会害怕出错，把他人的所谓评价当作自己好坏与成败的标准呢，还是成为一个独立自主，敢于面对一切问题和困难，勇于挑战自我，并充满自信、信念坚定的具有独立人格的自己？不言而喻，正确的选择无疑都是后者。

美国精神病学家、临床心理学家、认知行为治疗的创始人贝克认为："适应不良的行为与情绪，都源于适应不良的认知。"因此，只有完全打破对一个真正"好学生"的教条化、绝对化要求，主动并努力摆脱只有听话、顺从和成绩好才是一个好学生的错误、奴性认知，才能从根本上改变并重新建立起完全属于自己的核心认知信念和体系，由此将自己打造成一个既能听取意见又有独立见解，既尊重他人又充满自信，既顺应规律又勇于突破，既能承受又能承担，既能抗衡又能平衡的真实踏实的好学生。

英国自然文学作家、博物学家理查德·梅比在《心向原野》一书中提出："人生不是轨道，而是一片原野。选择在哪里生活、过什么样的生活、成为什么样的人，是生而为人的自由，也是人类最大的权利之一。"如果这个14岁女孩的父母在女儿的成长过程中，没有因"望女成凤"的过高奢望过度干涉女儿的正常成长和自然认知，没有把他们的意志强加给自己的女儿，更没有让女儿从小就在被控制和服从中成长而渐渐地丢失自我、丧失希望，今天这个世界上就不会失去一个光鲜的生命，她也能自然而然地成长为一个更好的人、一个充满无限可能的健康幸福的人！正如德国哲学家康德所说："谁也不能迫使我以他的方式获得幸福。"

2. 父母要时刻关注孩子发出的求助“紧急信号”

案例：2020年9月9日，江苏省南通市，一个13岁女孩离家出走了。她是趁母亲睡着后偷偷走的。那天晚上有人在河边钓鱼，看到女孩轻生，把女孩拉上岸，还劝她回家。但他们走后，没想到女孩还是选择了这种极端的方式。妈妈蔡女士怎么也想不明白，到底是为什么。她说：“我只有这一个孩子，以前她跟我讲话都开开心心的，我也没有骂过她。”那为何这个在她看来不应该有问题的女儿要如此决绝呢？平日连一点“反常”的迹象都没有，自己好像也没有对女儿有什么过激的言行。直到蔡女士找到女儿的遗书，才发现女儿其实早就不好了。

女儿的遗书简短而直截了当，没有任何的铺垫和修饰：

“妈，我不知道我怎么了，什么也不想做，变得好累，控制不住情绪。”“对不起，我好像就是个废物，好没用，活着注定拖累你，还有别人，我真的就是个彻头彻尾的废物。”“对不起，对不起！勿念。”

女儿早已发生了一系列的变化，承受各种压力已久，一直在无趣、无奈、迷茫和孤独中煎熬着，已无法控制自己焦躁不安的情绪，并提前就尝试了各种各样的轻生方式。而身边的妈妈却还沉浸在一切正常的“平安无事”之中，与女儿成了最亲近的陌生人，全然不知、麻木不仁！难怪在自己和女儿两世相隔时发出了“怎么也想不明白，到底是为什么？为什么女儿要如此决绝呢？”

的可悲遗憾和呼唤！

无独有偶，2020年5月，西安一名9岁的小女孩，因为无法按时完成老师布置的作业，也选择了一种极端的方式。当天，老师要求所有同学完成一篇一页半的作文，下午5点上交。到了4点半左右的时候，小女孩给出门工作的妈妈发语音，说自己只写了一页零一行，害怕5点钟无法完成作业。当时这位母亲并没有太在意，只是在语音里劝女儿尽快完成。其实女儿已经早向妈妈及时发出了求助的“紧急信号”，而她唯一的希望妈妈不仅没有任何应有的贴心和重视，反而冷血般强势地叠加了一句“尽快完成！”的唯一指令，瞬间失去了第一时间关心、爱护和挽救女儿的最佳机会。

案例解析

纵观无数现实案例，大多数中小学生轻生基本上都具有明显的突发性，情绪失控，过程简短，并且不会提前做太多“准备”，多数都是因一时的突然压迫或刺激，比如上述案例中可能存在的矛盾冲突、学业压力、考试失利、父母指责等不利因素所导致的，往往很大程度上是基于完全负面的逆反和过激心理；而自杀的导火线可能就是在某个特定的时间点上，一时冲动或意志的突然崩溃。

我们发现，在生活和学习中，孩子们突遇一点挫折、打击，他们内心的焦虑与担忧，甚至是害怕就会在那一瞬间被无限放大，而当这种负面、消极和极端的情绪无法得到及时排解时，他们就会因无望的心理压力把自己彻底压垮。

时代和社会的快速发展与变化，给孩子们的成长带来了前所未有的翻天覆地的变化，面对孩子们成长的关键，即全心全意地关注孩子的情绪变化与心理健康问题的关系和重要性，这是当今父母的一门终身必修课。如果，在孩子们的日常生活中父母能够及时站位和补位，并善于观察孩子在情绪和行为上的每一次异常和变化，抓住及时与孩子良好沟通的机会，并巧妙或幽默地去试探孩子产生心理变化的原因，如突然变得沉默寡言、减少或没有了开心的事情、身体和精神出现了萎靡不振、食欲不佳、情绪波动大等反应时，能够平和、温暖、贴心地理解和包容孩子，同时引导孩子及时排解内在压力和负面情绪，并当好耐心倾听和细心陪伴的父母角色，让孩子在充分感受到来自父母的关爱和力量的同时，自愿放弃自以为是和毫无意义的错误与极端行为方式，积极去对抗心理困扰和成长痛苦。

3. 儿童青少年心理危机所面临的急迫与艰难现实

案例：新冠疫情给青少年带来的心理危机。吴老师是江南一城市的中学班主任，他怎么也想不到，小强，一个12岁的阳光少年，已经跟轻生的念头博弈了近5个年头。2021年5月，就在学生即将返校时，小强突然给老师发出一条不可思议的QQ消息：“吴老师好，我真的想放弃了，实在是撑不住了，我好累！”在吴老师的印象中，小强是班里的语文课代表，老师和同学们心中的好学生。他学习优秀，社交正常，有着自己的好伙伴，也是众人眼中懂事的孩子，父母对他更是宠爱有加。帅气可爱的模样给所有人留下了良好和深刻的印象。

没想到在小强给吴老师的留言中，他的叙述已经是没头没脑、东一榔头西一棒子，轻生的念头在他的心里纠结着、脑子里斗争着。无疑，吴老师很快就意识到了，学生一定是患上了抑郁症！在平复了一阵心态后，马上就联系了他的家长并进行了长时间细致而耐心的沟通，共同引起了他们的警觉。

功夫不负有心人！吴老师终于把小强从死亡的边缘拉了回来。师生共同约定，从此面向阳光，好好生活。吴老师贴心地对小强说，一时半会儿不大可能马上改变，但你一定要积极尝试，勇敢地去面对这次挑战。数日后，小强在父母的陪伴下去见了一位当地有些名气的心理医生。经过一段时间的共同努力，尤其是父母悉心的温暖陪伴和吴老师爱的关怀以及每天的户外运动，小强渐渐地摆脱了抑郁的困扰，情绪稳定了，吃饭也香了，脸上也露出了久违的笑容，原来那个可爱的小强又重新回到了大家的身边。

案例解析

在整个新冠疫情中，小强的特殊经历并非孤立的案例。在疫情政策放宽，管控告一段落后，学校开放，学生返校，本该重现“劫后余生”一片欢乐的校园，依然还是笼罩着一层沉寂的阴霾，让人呼吸不畅。一天夜里，一名女生突然躲进了女生宿舍的卫生间里，被敏感的室友发现很长时间都没有出来。这个室友忽然想起了一个曾经看到的细节，这个同宿舍的同学曾经有一些自伤行为，让她吃惊又百思不得其解。吴老师也注意到了让人有些奇怪的细节，高达30多摄氏度的气温，这个女生怎么总是穿着长袖衣服？细心的吴老师自然地向她问寒问暖，并尝试着能否从孩子的父母处打探出一些蛛丝马迹。最终，吴老师恍然大悟，发现了其中的秘密。原来，在疫情期间，这个女生在家里曾遭受自己弟弟的欺负和打击，加之疫情后的开学，学业压力不仅没有得到一定的缓解，反而成倍增长，让她越来越吃不消，所以才有了这样的极端行为出现，还好吴老师及时对她进行心理疏导，最后帮助这个女生走出了心理阴霾。

进入后疫情时代后，儿童青少年的心理危机与健康问题，已经成为国家、社会和家庭共同面对的一个急迫而艰难的现实课题。为了减轻学生们的学业压力和心理负担，以期学生们在全社会的关爱下尽早走出疫情的阴霾，重回正常的学习和生活状态，全国各地教育部门都相继出台了一系列保护措施。如2020年的5月，江苏省教育厅在一份有关复学的通知中明确要求，不得公布学生考试成绩；2020年7月，深圳市也紧急取消了考试，已经考的，也不再公布成绩；还有很多地区和学校也采取了相应的措施，只通知学生的分数，不再进行任何排名。

给教师和父母的提示

生活在这个时代的孩子们本该是幸福的。但是，在一直没有改变的应试教育状态下，成绩与分数成了衡量一个学生学习成败的主要，甚至是唯一标准，成绩好、分数高才是好学生。这样完全背离教育宗旨的“成绩分数控”式竞争模式和体系一直要从幼儿园蔓延到大学，甚至更远、更久。在这唯一标尺现实的压迫下，众多的父母们打着“爱”的名义，用各种辅导班排满了孩子的整个休息日，不在少数的父母让自己的孩子从小小年纪开始就早早地进入“人生的决赛”阶段，有的孩子每天要付出十几个小时“投入”学习，有的甚至连休息日都没有。除了知识类学习外，还有钢琴、小提琴、舞蹈、美术、人工智能、手工、演讲等个人才艺类学习班；刚出学校就走入校外补习班，才从这个班出来又进入下一个班。多数孩子的一日三餐都是在这样的“急行军”过程中匆匆完成的，哪还顾得上什么营养均衡和食品质量。甚至有的孩子的用餐和大小便都是在妈妈的车内完成的！至于这一个个花费不菲的补习班或学习班孩子能“消化”多少、接受多少、又能真正受益多少，似乎都不在父母的考虑范围内，仿佛只要花了足够的钱和精力就能让自己的孩子在不久之后的无情乃至残酷的竞争中“出人头地”，立于不败之地，赢在人生的“起跑线”上。

由此，必将带来一个严峻的社会问题：在我国，越来越多的孩子正在遭受着因此而造成的抑郁症以及一系列心理、精神障碍的困扰和折磨。这样的困扰与折磨，一直以来就没有受到应有的实质性和时效性重视。太多太多本不该发生的悲剧，不仅没有得到及时有效的制止，反而一而再再而三地不停“上演”着，并呈现出愈演愈烈之势。难计其数的花季少年和青年的生命，就这样早早凋零。

以下的一组真实案例绝非危言耸听，它们就发生在我们身边的一个个家庭里，无不让人泪目和痛心疾首！我们怎能再“各人自扫门前雪，莫管他人瓦上霜”，坐视不管、麻木不仁下去？

新闻媒体记载的一个个让人震惊的案例，这里不再赘述，让人不禁扼腕叹息，思考问题究竟出现在哪里，我们如何救救孩子？据辐射全国的心理咨询与危机干预热线——“希望24热线”的统计，2020年上半年该热线所接到的求助学生来电，比2019年一整年都多。数据统计显示，1—6月对比2019年同期，初中生增长85.78%，高中生增长81.75%。数据中最醒目的是，小学生的来电，增长了95.52%。它揭示了一个隐蔽的现象，青少年的心理危机，也许正以我们难以理解的方式，走向幼龄化。

世界卫生组织估计，2020年以前全球儿童精神障碍还会增长50%，成为致病、致死和致残原因之一（人民网-人民日报2018年6月1日）。我国儿童青少年的精神卫生状况也非常令人担忧。中国青少年研究中心和共青团中央国际联络部曾经发布的《中国青年发展报告》显示，全国有3000万17岁以下的青少年和儿童受到心理问题困扰。其中，中小学生精神障碍患病率为21.6%—32.0%，突出表现为人际关系、情绪稳定性和学习适应方面的问题。16.0%—25.4%的大学生有心理障碍，以焦虑不安、恐怖、神经衰弱、强迫症状和抑郁情绪为主。

面对一个个弱小和年轻的生命，我们向全社会呼喊：儿童青少年心理健康问题刻不容缓！

第二章
追根溯源：儿童青少年心理健康影响因素

儿童青少年时期因受到来自家庭、学校、社会、网络等诸多成长环境因素的影响，极易出现一系列不确定的心理变化、扭曲、障碍和问题。我们只有理性地探究其背后的缘起和因果逻辑关系，进而找到切实可行的应对措施，才能真正助力儿童青少年及时摆脱困扰，健康快乐成长。

儿童青少年是国家的未来和希望。青少年时期是每一个孩子身心变化和心智发展的关键阶段，也是心理发生快速转变的重要时期，更是探索人生目标、建立自我意识、形成人生观的关键时期。因此，儿童青少年的健康成长关系到我们每一个家庭的幸福和社会和谐，更关系到国家的发展和民族的未来。

儿童青少年时期也因受到来自家庭、学校、社会、网络等诸多成长环境因素的影响，容易出现一系列不确定性的心理变化、心理障碍和问题。在这一成长的特殊时期，一方面需要他们在经历、体验和感受中不断提升对成长和生命认知的能力，逐渐学会正确和理性地适应、调整和接受所面对的一切现实，从而学会认识、看见和接纳自己；另一方面，需要来自各方，尤其是父母的理解、信任、引导、相助和支持，用心、细心、耐心陪伴他们一起度过这个关键而重要的特殊时期。因此，我们只有积极主动地去发现一切可能给他们的成长带来影响的因素，并理性地探究其背后的缘起和因果逻辑关系，进而找到切实可行的应对措施，才能真正助力他们及时摆脱困扰，健康快乐成长。

一、原生家庭影响因素

从社会学的视角来看，家庭是社会的基层单位和最小细胞，它作为一种社会制度，在社会的延续和发展中发挥着多种作用。同时，家庭作为一种社会文化的载体，又具有传递社会文明的作用。

从哲学的角度来看，家庭可以说是一个重要的社会单位，家庭关系的健康与否对个人的发展和幸福有着很大的影响。家人之间应该互相尊重、理解和支持；家人之间应该相互帮助、关心和爱护，而不是互相竞争和攀比。家庭成员应该尊重彼此的个人空间和隐私，同时也要承担起自己的责任和义务。在处理家庭问题和决策时，家人应该进行适时与及时的沟通和协商，而不是强行施加自己的意见和想法。总之，哲学思想告诉我们，家庭是一个重要的社会单位，需要每个家庭成员的积极参与和努力维护。

从社会心理学的角度来看，每个新的家庭自组建起，它特有的“底层结构”就随即搭建完成了，并形成了专属于它的“家庭底色”。也就是说，每一个新家庭的建立，其实就意味着最初的两个人，即夫妻，乃至两个原生家庭的模式延伸与融合，并带着各自的过去与个性化情感、心理基础重新组合而成。

我们每一个人都是出生和生长在一个特定的环境，即原生家庭中。我们选择不了我们的家庭，但我们可以选择自己的人生。

确实，我们无法选择自己的出身，但是我们所处的原生家庭却会在很大程度上影响着我们自己性格的形成，这不能不说是一件让人感到无奈的事情。因此，我们如何理性地看待和解析原生家庭对个人自我发展，即性格、情感、教育、成长以及社会化水平的影响，具有十分重要的现实意义。

这里，我们主要分析和探究的是原生家庭对孩子成长的不利因素，旨在帮助我们真正承担起家庭、父母的社会责任，为孩子们的身心健康创造一个安宁、和谐、良好和有利的成长环境。正如老话所说：家和万事兴。

在家庭构成诸多因素中，家庭气氛、亲子关系、子女的培养方式以及父母的秉性、关系、生活态度和价值观等，在很大程度上会影响到孩子的性格走向和心理状态，会影响到他们对生活的认识与态度、对事物的反应、情感体验和价值取向，进而影响到他们的性格趋势和人格构成。

每个人的性格都不是孤立形成的，而家庭，特别是父母对孩子的成长有着很大的影响。心理学家马斯洛在回忆他的父母时说：“我的父亲是一位慈爱而又严厉的人，在生活中对我们的要求很严格，有一点小问题也要指出来，但又有无微不至的关怀。他对工作专注而又执着，这使我们很小就懂得一个人要努力工作的道理。母亲性格有些腼腆，但却不失母亲的关怀与女性的温柔，当我们遇到伤心事时都会去找她诉说。这使我们从小就沐浴在一种融洽的气氛当中。”在这样的家庭环境中，马斯洛长大以后，成为一名有着广泛影响力的心理学家，他提出了“成就动机”的概念与“人生的需要层次理论”，为帮助人们克服心理上的困扰做出了很大的贡献，可以说，马斯洛之所以能取得如此的成绩，是与他特定的家庭环境因素密不可分的。

1.孩子的四种源于家庭的言行方式与特质

从成长的角度来看，家庭中孩子的言行方式与特质，往往与他们的原生家庭有着密切的关系。我们可以归纳为孩子的四种源于家庭的言行方式与特质：

其一，如果一个孩子在成长过程中时常表现出不同程度的消极，盲目地听从和依赖于父母，并无自觉和自主性，那么他的家庭关系特征或许就是“支配与被支配型”的。这一类型的父母往往把孩子视为自己的私有财产，根本不考虑孩子的心理感受，对孩子表现出的任何反应都会回以急躁、不耐烦，甚至是激烈的暴躁情绪，致使孩子心不甘情不愿或不得不“甘拜下风”。在这样的家庭关系中，孩子从一开始就失去了自主性和独立性，在成长过程中只会选择被动地服从，对生活中可能出现的小小“风浪”都会大惊小怪，心生畏惧。

其二，如果一个孩子在成长过程中时常表现出躁动、焦虑、不安，甚至是抗争和狂躁，那么他的家庭关系特征或许就是“挑剔与霸道型”。这一类型的父母常常是过度干涉孩子的正常生活，无论孩子怎么做事或做什么事情都要进行无端的挑剔和指手画脚，丝毫不顾及孩子因受到“无礼与非礼”后的委屈和心理感受，更不去满足孩子的哪怕是起码的合理要求，这使得孩子常常处于一种无限困扰和一片茫然的状态之中而难以自拔，并全然不知到底要如何做、做到什么程度以及做成什么样子才能让父母满意。让孩子在一天天长大的过程中都是活在父母的"绝对正确"中，只能是与焦虑相伴、左右为难，甚至每天都是在迷失自我和惶惶不可终日中度过。

其三，如果一个孩子在成长过程中已经表现出放荡不羁、油盐不进的行为趋势，那么他的家庭关系特征或许就是"放任自流型"。这一类型的父母本身可能是没有明确生活目标且无人生规划，并无严格自我管理和自我约束意识。自以为是、刚愎自用、心高气傲、随心所欲就是他们的性格特质。因此，渐渐长大的孩子自然也就变成了不受约束、不服管理、毫无自律、目标丧失和错失一切积极成长机会的人。

其四，如果一个孩子在成长过程中常常表现出来的是冷漠和无情，那么他的家庭关系特征或许就是"缺爱与无情型"。这一类型的父母往往会习惯性地忽视孩子身心的细微变化和心理反应，最基本和起码的关心与爱护都慢慢丢失了，使得孩子从小就没有安全感，变得麻木不仁，所以对任何人和事都报以不亲近和不信任的态度，自然也就失去了与人交流、合作的机会，并带着一种十分戒备和防备的心理过着"与世隔绝"般的生活，成了一个"事不关己高高挂起"的孤家寡人。

与以上四种情形相反，如果一个孩子成长在一个充满亲情、和睦温暖、友好相处的家庭环境与氛围中，父母始终对孩子是悉心、耐心和真爱般的体贴与爱护，对孩子知冷知暖，倾听、陪伴、贴心成为一种自觉，理解、鼓励和表扬成为一种常态，引导、启发、信任成为一种习惯，急孩子所急，给孩子所需，爱孩子所爱，凡事与孩子商量，充分尊重孩子想法和意见，让孩子从小就学会在明辨是非、知轻知重和通情达理中对成长中所遇的所有事做出理智、合理和正确的选择。从小就成为一个善良、有爱心、大方、尊重他人、善解人意、勇往直前和具有“独立之精神，自由之思想”的人。

由此可见，原生家庭对一个孩子的成长有多么重要！孩子的性格养成基本都可以从家庭关系和实际生活中找到缘起与理由。所以，家庭可以说是每一个孩子赖以生存和成长的温暖家园，一个遇到困难和苦恼时的安全避风港，一个受到挫折和打击时的心灵归所，它会引领孩子们在人生的海洋里乘风破浪、一路远航，驶向幸福快乐的彼岸。

所以，从社会学和心理学综合的角度来看，原生家庭中的成员相处模式会伴随着家庭日常活动的进行，潜移默化地影响到每一个人，尤其是成长中的孩子，进而还会在成员之间的亲密关系中持续不断地表现出来。每一个成员的言行方式、习惯逻辑、个性特点、对彼此之间的感受与认知以及相互之间的互动交流模式，特别是价值观，都会受到原生家庭的深刻影响，而且这种“专属”的影响还将会终生伴随，形影不离，即便是原生家庭成员结构发生变化，并中断了原有的密切关系分开，原生家庭所造成的影响依然会持续存在于往后的生活中。

或许，我们能从心理学家戴维·迈尔斯的这句名言中获得启发，世上有三样东西极其坚硬：钢铁，钻石以及认识自己。

2. 让父母深感头痛的“受委屈”的弃学孩子

案例： 倩倩，女孩，10岁，四年级，活泼开朗，爱说爱笑。一个阳光明媚的早晨，勉强吃了几口早餐的倩倩好像换了一个人似的，突然对正在忙着收拾东西准备出门的妈妈说，“我不想去学校了!”刚拿起书包的妈妈瞬间愣住了，一脸的不解。“怎么了，倩倩？咱们该走了呀!”妈妈好像没有特别在意，习惯性地喊了出来。坐在餐桌前的倩倩低着头，双手不停地撕扯着一张餐巾纸，一言不发，神情低沉，一反常态。

“咱们要迟到了!”有些不耐烦的妈妈快速走过来拉扯倩倩，并带着快要失控的语气。倩倩站起来就往自己的房间跑去，嘴里好像还在嘀咕着什么，全然不顾妈妈的情绪变化。伴着大声喊叫声疾步冲过来的妈妈，倩倩的情绪也瞬间崩溃了，大声地哭了出来，身体还抽搐着，俨然一副委屈已久的样子。接下来，无论妈妈怎么逼问、拉扯和喊叫，倩倩依然稳如泰山，一动不动，仿佛妈妈不存在一样。无望的妈妈无奈地拨电话“搬救兵”，期盼爸爸赶回来“制服”眼前这个已经油盐不进的女儿。

事与愿违，妈妈已经无力说服女儿，又被老公以“工作走不开”为由拒绝返回，她坐到客厅沙发上，被女儿气得半死，妈妈惆怅的脸带着满眼的泪花……

案例解析

经过我们与倩倩反复用心交流之后，妈妈才明白女儿突变的原因所在。原来，倩倩之前在学校曾经因一些小事和同学发生过几次不愉快的小矛盾，也因此偷偷地哭过几次。向老师“告状”吧，又怕有理说不清，甚至还会被批评；回家去跟父母诉说吧，更怕一贯脾气急躁、没有耐心的爸爸妈妈来一个“雪上加霜”，所以，思来想去的倩倩只能自己“扛”着，在百般无奈中一忍再忍着。可是，冰冻三尺非一日之寒，一个仅仅十岁女孩的心理承受力是有限的，“火山爆发”也只是一个时间问题，纸永远是包不住火的，因此，才有了今天看似“无缘无故”的突然爆发。

试想，如果倩倩的父母不是这样急躁或暴躁的性格，也不是经常轻视女儿的感受与反应以及倾听缺失的父母，而是常常温暖相伴、贴近内心、管控情绪、善于沟通、及时引导和耐心细致的父母，那么，倩倩无论在任何时候、任何地方有事就说，有话敢说，想说就说，所遇问题能够得到贴心开导和帮助，所有困惑和焦虑都能够得到及时和有效的化解与释放，理解、信任、鼓励、关怀和爱意满满的家庭氛围始终相伴，倩倩就不会突然陷入这般无奈、无助和无望的痛苦境地，也不会因此造成不该有的心理扭曲和伤害。

3.给父母带来困扰与无奈的拖延症孩子

案例：程程，从小生性活泼可爱的一个帅小伙，聪明伶俐，皮肤白净，一头漂亮的卷发，可以说是整个小区里备受关注的小“明星”和“焦点人物”，给父母的脸上增添了不少光彩。

集宠爱于一身的程程，从整个幼儿园时期到小学一年级，他灵动、聪慧、天真和调皮的天性被展现得淋漓尽致，不仅是老师眼中的小可爱，还是其他父母热议的羡慕对象，更是父母心中无比骄傲的一颗闪亮的小星星。

然而，好景不长，或许是因为学习内容的增加、难度的加大，从二年级下学期起，程程的成长期的问题开始显现出来，父母曾经那一脸的光彩和骄傲也渐渐地变得暗淡起来，被一脸的惆怅和不安所代替，还经常把“别人家的孩子”树为程程的榜样，从此，原有活跃而温馨的家庭氛围也变得沉闷和紧张起来，一改往日的平静和欢乐。

程程被父母认定的最大问题就是拖拖拉拉，即俗称的拖延症。比如本该十分钟就做完的事，他要用半个小时，或更长的时间才勉强做完，有时候干脆半途而废；原本一个小时就应该完成的作业，他总是以种种理由一拖再拖，对身边不断在催促的妈妈或爸爸总是以一声“知道了”敷衍过去。如此下去，除了毫无学习效率外，还自然而然地带来了一种“副作用”，那就是程程的睡觉时间变得越来越晚，经常在父母的无奈陪伴下生生地熬到十一二点，甚至更晚。有时候，父母看着已是疲惫不堪的儿子，抓耳挠腮，忍无可忍，父母干脆越俎代庖地替儿子完成已是无法完成的作业，以求儿子第二天能顺利“过关”，程程似乎也慢慢地适应和习惯了这样可以蒙混过关的特有家庭学习方式。尽管如此，程程还是没有逃过那一次次因此而换来的痛骂和皮肉之苦，本来古灵精怪的程程也变得越来越麻木。经过一次次的“家庭战争”，这种紧张的家庭关系也曾经因亲子双方共同的努力，断断续续地有所改观，但是，程程的拖延症问题依然是积重难返，这种不良习惯直到程程升入初中仍然如影随形，没有得到任何实质性的改变，就这样伴随着程程一天天长大，这给程程带来的一系列不利影响可想而知，给父母造成的压力和近乎毁灭性的打击同样是不言而喻的。真可谓是两败俱伤！

案例解析

经过我们与其父母的交流和分析发现，就程程的拖延症的原因而言，真正问题在于孩子的父母，程程父母身上的习惯问题才是这一“家庭灾难”的真正“元凶”！他们自从有了这个可爱的宝贝，完全沉浸在自我愉悦和“欣赏美誉”之中，忘乎所以，彻底抛掉了作为父母的应有责任、学习和自律。程程从小备受父母关注和溺爱，对于他的需求几乎应有尽有地满足，他常常看到的是父母早已习惯成自然的言行举止，这些对他产生了负面影响。比如，父亲学历高，有着一份不错的工作和收入，似乎有些自命不凡，程程眼中父亲的唯一爱好就是“手机”；母亲大学学历，自由奔放，为了儿子的前途放弃了自己的工作成了一位全职妈妈，除了打理儿子的日常生活和家务外，整天疯狂地追剧就是母亲几乎全部的生活。

父母共同的是他们会因为自己执迷的“爱好”而常常忘记

很多生活中的日常必需，尤其是身边一天天成长的儿子的变化、所思所想、所盼所愿和困惑烦恼，特别是他们眼中儿子“不听话”“不懂事”“讨人嫌”背后的情绪缘起。他们身上不同的是性格特点、处事方式和对儿子的表达方式，相同的是这些不良习惯都被孩子尽收眼底。虽然他们为了儿子的前途和未来做过共同的努力和争取，但随着时间的推移，效果不佳，这种不得不进入的破罐子破摔的状态，渐渐地变成了常态。父亲会因为一局游戏或一个电话而本末倒置地将既定的生活计划与日常安排一拖再拖，甚至无理改变和放弃，只因为自己是一家之主和权威所在。母亲常常以劳累和心情不好为由而干脆不顾一切地释放情绪，直至自己“舒服”了，哪怕一再耽误了“本职工作”和一家人曾经的美好约定也不管不顾。只因为她认为自己是家中最辛苦和最不容易的人，所以理应获得一个“霸道”的地位。这里暂且不说父母时常因为琐事和性格原因而当着儿子的面争吵，甚至是有暴力倾向的激烈冲突。事已至此，真相大白。有如此父母的原件，就必然“印出”这类孩子的“复印件”，可谓天经地义。

由此可见，亲子关系可以说是原生家庭中最重要的关系，也是家庭成员和谐共处的关键所在，更是孩子心理健康和顺利成长的前提和基石，所以父母要做好榜样示范工作。

给教师和父母的提示

家庭为重是中华传统文化的重要特征和内容，家庭的完整、夫妻的和睦、子女的幸福与前途比家庭中的任何事情都更为重要。家庭关系与事务重要性的排序应该是亲子关系的质量远远大于孩子学习的成绩和分数。如果顺序颠倒、轻重主次不分，就必然导致孩子在成长中的一系列问题，如思想问题、行为问题、学习问题、人际关系问题和情感问题等，并因此导致家庭成员之间相互埋怨、指责，四处“有病乱投医”。可叹的是有些父母轻视了孩子和家庭对自己影响的重要性，根本不去反思自己与孩子之间不当的关系处理问题。不良的亲子关系必然也是孩子成人后出现一系列心理障碍、心理健康问题的一个重要和关键因素。正如奥地利精神病医师、心理学家弗洛伊德所说：“成年后的人格缺陷，都来源于童年的创伤。”

美国心理学教授约翰逊曾这样说：“今天我来聊聊这个话题：‘有孩子就一定更幸福吗?’很多人认为，孩子一定是幸福的源泉。但是，其实孩子的出生会导致家庭幸福感的直接下降。每天的琐碎和操心以及时刻存在的教育焦虑，让多少家庭硝烟不断?”

二、社会环境影响因素

社会环境的现实存在与发展水平是社会精神文明和物质文明发展的标志，同时社会环境又会随着社会文明的进程而不断地丰富和发展。社会环境因素对于儿童青少年的成长有着十分重要的影响。我们研究发现，在良好社会环境下成长的孩子，出现心理问题和反社会行为的较少；而在不良社会环境中成长的孩子，则会出现较多或严重的心理问题和反社会行为。

儿童青少年在社会化过程中，在社会环境诸多因素的影响下，人生观和价值观也在渐渐地形成，同时建立起自己的基本的行为方式、思维方式、认知能力和价值标准，搭建起属于自己的个性特质、人格模型和心理架构，对以后的生活、学习、思想和人际关系产生一定或深刻的影响，同时又影响着他们心理发展的方向、速度、程度和水平。

社会环境的构成因素是众多而复杂的，它是对我们所处的社会政治环境、经济环境、文化环境（包括法制、科技、讯息等）、教育环境和心理环境等宏观因素的综合体现。在这里，我们着重对在文化和教育环境因素下所产生的心理影响做一种现实的探究与分析，旨在找出影响儿童青少年心理健康成长的相关因素，引导和帮助他们及时、有效规避心理健康问题的种种风险，助力他们顺利度过青春期，以阳光健康的状态迈向人生的新征程。

从儿童青少年成长的角度来看，在社会环境因素中我们有何社会行为不仅取决于所处的客观环境，同时还取决于我们如何对其进行主观解释。其中，戴维·迈尔斯在所著《社会心理学》一书中提出：从社会心理学对社会环境研究的角度来说，“周围情境”的影响力是我们关注的焦点和重点，而如何看待他人和事物，它们又是如何相互影响，如何与他人和事物相互关联就是核心和关键。

1.文化和教育环境因素对孩子的心理影响

我们先来看文化影响因素。所谓文化环境，就是指人之所以为人以及人的认知和实践活动所赖以进行的各种文化条件总和。那么，文化环境对儿童青少年会起到什么样的影响作用？其一，它会影响儿童青少年的交往行为和交往方式，影响儿童青少年的实践活动、认知活动和思维方式；其二，它对儿童青少年的影响，具有潜移默化、深远持久的特点，通常不是有形的和强制性的。在这个过程中，世界观、人生观和价值观的形成，就成了儿童青少年的文化素养核心和标志。

我们每一个人都生活在一定的文化环境之中，都会在不知不觉中受到文化的影响。每一个人的社会化过程就是不断接受文化影响，由生物人变成文化人的过程。而文化的主要功能就在于教化人、熏陶人和塑造人，它的影响小到每个人的吃喝穿用、生活起居、为人处世，大到世界观、人生观、价值观，无不受到某种文化的影响。文化作为一种精神力量，能够在人们不断认识世界、改造世界的过程中转化为一种物质力量，对社会发展和儿童青少年的成长，尤其是人格塑造、精神构建和心理建设产生深远的影响。

对于儿童青少年来说，文化影响主要有积极和消极两个方面。积极的文化影响能够丰富他们的精神世界，健康的文化影响能够增强他们的精神力量，积极而健康的文化影响必将促进儿童青少年的全面发展。良好的社会文化情境则会给儿童青少年带来高尚的精神和积极的行为以及对社会、生活和人生报以极大的热爱与激情。反之，消极的文化影响必定会对儿童青少年世界观、人生观和价值观的形成产生负面作用，并使其发生扭曲或变形，由此导致一系列心理健康问题的发生、突变，甚至恶化。因此，有时某种不良的社会文化情境所具有的影响力会引发儿童青少年做出背离自己初衷和人生态度的行为。大量事实证明，强有力的某些恶意情境常常会压倒正义和善意，使儿童青少年容易迷失正确方向，盲从并附和谬误，甚至屈从不良、极端或不法行为。如今，在我们的社会环境中充斥着太多的文化乱象，尤其是不断呈现出的泛娱乐化、泛浅薄化、泛低级庸俗化和泛空虚化等思想文化倾向，给儿童青少年的正常成长和心理健康造成了极大的消极影响。比如，理想信念缺失、思想空虚、身体虚弱、心理脆弱、行为盲目、生活无趣、学习消极、人情淡漠、性格偏激、情绪多变、娱乐过度、人际紧张、拒绝帮助、自私冷淡、唯我独尊、自以为是和人生目标渺茫等是他们典型普遍的现实状态，在他们的身上或多或少都能找到属于父母的那些影子。

2.二胎家庭父母的“缺位”与“失察”影响

案例：小杰，出生在大城市，天生就有一种优越感。父亲是一所大学名校的教授，性格虽偏内向，但也不乏生活情趣，喜欢在家里摆弄花花草草，乐此不疲。母亲在一家事业单位从事管理工作，性格开朗活泼，有时也会急躁，平日就爱不停地翻阅京东、淘宝、拼多多和抖音等网购平台，是家中唯一标标准准的网购达人。小杰的家境虽然比上不足，但是肯定比下有余，所以他的童年基本上是在一家人其乐融融的氛围中度过的。

就在小杰小学毕业的时候，父母及时地享受了一回放开二胎的政策红利，给他带来了一个可爱的小妹妹希希。最初小杰还因为父母的“突然袭击”，没有征求他的意见，“为什么你们还要再生一个孩子”的逼问让他好一阵子感到不快和别扭。但是，随着希希妹妹的一天天长大，这个甜美可爱的小生命似乎让他突然间感受到了一种异样的温暖和快乐，所以，慢慢地、自然而然地接受了这一现实，至少在他的生活中又多了一个亲密的小伙伴。

或许，就是因为妹妹的出生，父母在“转移视线”的过程中，不知不觉地开始忽略了哥哥的存在，往日还能感受到的来自父母的关爱和温暖似乎渐渐地淡出了他的生活，父母除了还会一如既往地过问和要求他的学习外，其他方面基本上就是处在“缺位”和“失察”的状态，所以，小杰的常态就这样被打破了，心态也随之开始发生一些微妙的变化，加之升入初中后环境的变化和学业负担的加重，小杰的情绪开始出现无序和无端的波动，有时还因难以控制而与父母发生些许的“口角”和“冲突”，或许是宝贝妹妹带给了这个家无限的欢乐和满足，所以，父母也没有和小杰计较太多。

就这样，小杰在家“失宠”后，他不得不把自己的注意力转移到了家外，创造了他与外界社会广泛接触的机会，更多地去感受过去较少感受过的“外面的世界”的精彩。渐渐地，小杰接触到了更多过去没有机会遇见的人，看到了过去难以看到的很多事，真可谓是形形色色、五花八门。随之，他的生活轨迹也发生了变化，同时“润物细无声”地改变着他的言行举止、思维方式和思想意识。

一直保持着中等学习水平的小杰，从初二下学期开始，学习上表现出成绩明显下滑的趋势，在班主任老师和父母交流后，父母似乎才开始警觉起来，甚至脑子里冒出的第一个念头就是“怎么会呢!”不相信儿子学习成绩下滑的事实。殊不知，这只是小杰所谓“突变”的前奏曲，让父母猝不及防的真正“冲击”还在后面一步步地逼近呢。

案例解析

原来，随着父母“监管”的一步步放松，小杰受到周围环境，特别是一些“新人新事”的影响，开始追逐面子和虚荣，要么“化零为整”，去跟着同学或“狐朋狗友”买时髦的衣服和鞋子；要么常常以饭费不够了和要买文具为由，一点点、一次次地向家里要钱，积少成多，或买游戏装备，或和同学比谁出手更阔绰，以挣得足够的面子。更不可思议的是，他从同学和其他“朋友”的反复说教式“灌输”中，学会了如何欺上瞒下、对付老师和父母，甚至是谎言漫天而心安理得，且相互传递一些成人化不健康的内容并乐此不疲，却在家里尽力装出一副正常的样子蒙混过关，这也就是父母没有明显察觉到儿子已经“突变”的根本原因。

随着社会的快速发展和变化，特别是文化多元的多变和复杂性现实，如今的孩子们正一步步地走向早熟和成人化，尤其是进入和处于青春期的青少年，一方面，他们的身心开始进入一个快速发展变化的关键时期，一方面，在人生观、价值观和世界观逐渐形成的过程中，又受到自身的认知与识别的局限，难以及时和准确地趋利避害，所以就极容易受到或接受来自外界的冲击和诱惑，一时难辨是非与真假，加之生理发展趋于成熟过程中的种种不适应和需求，对于利益、虚荣和刺激等诱惑难以抵挡，在这样左摇右摆中就只能顺其自然地“就范”。而他们这样的心理变化、纠结、困惑和问题又往往得不到来自各方的引导和帮助，就必然会导致孩子们过早地出现一系列心理健康问题，并使他们不得不陷入成长困惑的尴尬境地。因此，对于小杰的健康成长和家庭幸福而言，父母在看似“顺理成章”的顾此失彼同时，却完全轻视和忽略了社会环境影响因素对孩子成长的负面而重要的作用。正如戴维·迈尔斯在其所著《社会心理学》中所言：“人类是天性与教养共同作用的产物。”

3. 教育要看到孩子一生的发展

我们再来看教育影响因素。在儿童青少年成长过程中，教育环境因素是社会环境影响因素中的另一个重要因素。哈佛大学托尼·瓦格尔博士认为，世界改变了，我们的教育方式却没有更新换代，依然停滞不前。培育孩子真正的能力应该是教育的核心，培育孩子使其在未来竞争中获胜的关键在于技能，不光是知识。在如今的社会现实中，教育大环境中不可避免地会存在一些问题，值得我们反思。一次次生命危机的警钟在我们耳边敲响，一个个家庭正在经历着从困惑、痛苦走向破碎和灾难的境地，而我们很多教育者比如老师还有父母也许都不自知，若是我们还不能马上在痛定思痛后彻底觉醒，还我们的孩子一片晴朗和阳光的天空，那我们孩子的未来又在何方？正如鲁迅先生早就道出的警世名言："失掉了现在，也就没有了未来！"

现今，我们教育的功利化倾向似乎越来越严重，与"唯分数（成绩）论"的应试教育一起形成了一股不利于孩子健康成长的不良教育风气，正压得一个个家庭透不过气来，很多父母都担心自己的孩子会输在起跑线上，一家人应有的和谐、温暖和快乐也在一天天地被减弱和消失着，如此紧张的空气越来越让我们的社会不太平。何时才能尽早走出这一关乎千家万户命运的困境，已经是摆在我们面前的一个亟待解决的迫切问题，一刻都不能再耽误！

众多的父母看似都在"全力以赴""不惜代价"地投入孩子的教育，自以为只要孩子的分数高、成绩好就可以获得如意的未来，但往往却是知其然而不知其所以然。所以，背道而驰、竹篮打水、事与愿违常常成了他们最终无奈和遗憾的“收获”！如今，我们整个教育大环境都被这样的紧张空气包裹着，让应有的教育真谛：爱的教育无从实现和施展；让拔苗助长的不良风气大行其道；让一棵棵小树苗难以长成参天大树。毕竟，我们的每个孩子都是这天地间独一无二、鲜活灵动的生命体，每个生命都诞生于天地之间，宝贵而不可复制。自由生长、健康发育、各展风采、竞相开放、茁壮成长，就是我们教育的根本理想和美好追求。

给教师和父母的提示

教育，就是要对孩子的未来负责；教育，就是要看到孩子一生的发展，而不是只看一次考试的结果和一个学期的排名，更不能把孩子的一生教条地简化为一场场考试。父母在社会教育环境的诱导和影响下、在教育实践过程中产生了偏激和错误认知，自然就会在正确教育的航道上偏离航向，朝着危险的暗礁驶去。除了过度和盲目的管教外，还会导致不加认真思考与严肃辨别就行事的结果，导致随波逐流与我行我素的跟风盲从。

“莫欺少年郎，少年遇风就能长；只待他日春风化雨，来日方长。”这首歌曲《少年郎》的歌词对儿童青少年的未来寄予了殷切希望。在当下教育大环境的影响下，我们只有明确而坚定地认识到教育本身的是与非、对与错对儿童青少年健康成长的关键性和重要性，彻底搞清楚何为教育的本真和实质，并做出理智和正确的选择，才是我们应有的、责无旁贷的社会和历史责任。

“胜日寻芳泗水滨，无边光景一时新，等闲识得东风面，万紫千红总是春。”朱熹的这首诗也在向我们传递着积极而温暖的信息：教育应该像春天的阳光，像春风；教育就要呼唤生命的春天，要陪伴孩子们温暖地度过生命的冬天，共同喜迎生命的春天。每一个生命都将经历孕育期、成长期和觉醒期，而儿童青少年生命的每一次觉醒都意味着生命的发展和更新，都意味着生命的必然成长。

社会心理学研究的就是一系列社会问题中人“心”的作用，它所关注的是社会环境与社会关系中人的心理和行为问题。我们只有认清并摆正这一关系，才能走出“心”的困境，真正地善待我们的教育。

因此，好的教育就是灵魂教育。我们的教育如果不能走进孩子们的灵魂深处，就不可能让教育在孩子们的生长中起到滋润的作用；如果我们的教育不是在塑造灵魂，那么教育就失去了最根本的价值；如果我们的教育不是以灵魂唤醒灵魂，就无法实现生命的真正觉醒。所以，我们的教育就是要在润物细无声中一步步地唤醒生命，让生命在自由、自主和自觉中尽情舒展、绽放。正如德国哲学家雅斯贝尔斯所说：“教育的本质意味着，一棵树摇动另一棵树，一朵云推动另一朵云，教育是一个灵魂唤醒另一个灵魂。”

总之，我们只有重新营造出一个风清气正、正本清源的社会教育环境，重塑教育的精神形象和风貌，着力建立起一个良性循环的科学教育机制，让教育的所有参与者在尊重规律、相互尊重、相互信任、相互支持和平等合作中实现真正的教育理想，才能切实促进儿童青少年的健康成长。

三、学校环境影响因素

学校，是学生接受知识传授、教师传道授业解惑和教书育人的地方；是有别于家庭教育的另一个接受综合教育的场所和重要阵地；也是一个社会行为活动和影响学生发展程度与水平的关键地方。

1. 学校从“教”人到“育”人的场所转型

学生从走出家庭进入学校，就开始接触和感受到环境的转换所带来的一切差异，尤其是氛围的完全不同、学习方式的改变和人际关系的丰富与复杂。从此受到这一全新环境中人与事的影响，或适应，或接受，或抵抗，或改变着自己，在新旧交错、获得失去、喜乐苦恼中体验和生活着；认知、反应和态度也随之在这时空中改变着，并渐渐地形成了自己的直觉、印象、判断和应对方式。这里，我们主要探讨的就是学校环境因素对学生，特别是对儿童青少年身心发展与心理健康的影响。

从学校教育的基础性特点来看，学校教育的目的就是向儿童青少年学生传授最基本的知识和技能、社会生活所必备的基本道德规范和人际关系架构方式与基本准则。如果换个角度说，就是以学校教育的特殊方式教授和引导儿童青少年学生学会学习、做人、做事以及面对困难的基本生存、生活和应对知识与方法。这一过程将逐步打下他们的心理基础并确定心理发展方向。

从学校教育的目的性特点来看，学校除了是“教”人的地方外，还是“育”人的场所。学校教育的一切活动都是在“人为设置”的条件和环境中进行的，因此，学校教育在突出目的性与意义性的同时，如何结合儿童青少年学生的实际进行设计、安排、组织和实施，就成了影响他们心理承受力与健康的关键所在。

从学校教育的专业性与系统性特点来看，学校教育中专业、专职教师不仅是核心因素，而且还要具备种类繁多与科学系统的学科知识体系、教育方法和教育手段，在突出学校教育专业性的同时，还要保证在整个教育系统工程的运行和管理中，有利于儿童青少年学生的心理建设。

从学校教育的选择性特点来看，在社会教育环境的复杂影响下，学校教育如何在学生培养目标、教学内容选择、教育教学方式、方法和手段上做出科学合理的选择，将对儿童青少年学生的学习兴趣、态度、人格塑造和心理素质与抗压能力产生重要的影响。

如何针对学生的个性化差异来因材施教？以下案例值得参考。

案例：小学三年级的明明，要强的个性一直让他处于生龙活虎的状态中。在家中，尽管也因为学习和生活的一些问题与父母发生过摩擦和不快，但由于父母的性格比较开朗，相对通情达理，所以没有出现过什么激烈的家庭冲突。从小活泼好动、自由自在的他在班级，甚至年级里都是一个活脱脱的“活跃分子”。

由于学习成绩中偏上，加上自己的积极争取，他还获得了一个班干部的身份，这使他曾经感觉良好，着实地过了一把“能管人”的瘾。他鲜明的个性和为人处世风格，有时因为为班级做出了一些贡献而让同学推崇、让老师夸赞，但有时也是因为他的要强个性和分寸把握不当，又成了一个“好心办坏事”的典型，被同学指责，被老师批评，被大家冠以了“两面人”的别称，让他很是不服。这样的别称就这样被传来传去，知道的人也越来越多，过去的“光辉形象”就这样被“玷污”了，无疑对他是最大的不幸和遗憾。从此，他的性格发生了“微妙”的变化，开始表现出一些难以捉摸的“怪心眼”。

有一次，按照班主任老师的安排，班里要搞一个关于团结合作的团建活动，由他负责组织工作，本来是一个再次和充分展示他才华的难得机会，一方面可以得到一次综合锻炼，积累经验，提高能力；一方面又可以进一步拉近他与同学，特别是已渐渐疏远他的几个同学的关系，借此缓解紧张和不和谐的气氛，没准还能来一个“重归于好”的意外收获，可谓一举两得，两全其美。但是，由于他受挫后心态的变化，甚至是反转，他却故意在几个同学参与的环节中设置了看似“不显山不露水”的障碍，让他们在活动开始后“不得不”闹出笑话而难堪不已。明明自以为这样做，出错的那几个同学在很没有面子之后彻底失去自信而反过来求他和亲近他，甚至让他在班里重树权威，回到原来的“统治地位”。殊不知，人小鬼大的这点小心思，随即就被彻底识破了，当时虽然活动受到了一些“卡壳”的影响，但是在其他班干部的果断处置和同学们的合力下，团建活动还是达到了预期的效果。

这个他一心想制造出的“事件”不仅没有让他“如愿以偿”，反而让他的名声“一败涂地”；不仅没能收获同学的“友好反转”，重获理想人设，反而被班主任老师狠狠地“批判”一通，并很快还向父母“告了状”，让他瞬间陷入了四面楚歌的“悲催境地”。这无疑就是背道而驰、得不偿失、竹篮打水！给他还略带幼稚的心灵蒙上了一层深深的阴影。明明这样的选择、行为、体验、后果和结局难道只是他一个人的原因所导致的吗？

案例解析

这个案例发人深省，试想，如果明明所谓的突出个性能适时得到温暖和谐的校园文化滋养，老师能在既尊重个性，又积极引导；既发现问题，又耐心启发的爱的鼓励和教导下；同学们能带着善意和宽容心友好地相待相处，丢弃“侠肝义胆”式的“抱团”狭隘风气，明明就不至于在似懂非懂的“一意孤行”中走到今天这一步。

学校教育（环境）还有一个职责性功能就是，在强调统一性规则，如集体意识、团结合作、道德规范、共同秩序和行为准则的前提下，能够认识、接受和重视个体化差异的存在，并给予尊重和润物细无声的积极引导与帮助，让学生在自由展示个性的同时，能够在真诚的关爱下理智和自觉地认知自我、找到自我、看见自我，进而和环境融为一体，和谐共处，一同发展。若是这样，明明就会在环境的积极影响和感化下走出“自我”，走进

“大我”，迈向阳光和希望！

2.过重的学业压力加剧孩子的焦虑与抑郁情绪

案例：承承，因继承传统、承载希望而得此名。爷爷奶奶、姥姥姥爷的光辉一直照耀着整个家族的前程，父母双双高学历，事业缤纷耀眼，似乎就是最美好和理想的传承。从小，承承就生活在这样一个充满革命、军人和文化气息的大家庭里，耳濡目染、潜移默化地汲取着一种特别而厚重的生命力量，在润物细无声中积蓄着一份特有而丰富的人生养分，成了这个时代的一个“幸运儿”。

小学、初中的生活学习可谓是一路畅通，伴随着老一辈的亲切关爱、父母的欢声笑语、同学的热烈追捧、老师的赞美有加和同学父母的羡慕点赞走过了快乐的童年、幸福的少年时光，一家人和睦友爱，齐头并进，其乐融融。

光阴似箭，岁月如梭。时间一晃，承承不负众望，如愿以偿，顺利地升入了当地一所重点高中，三年后考取名牌大学看来也是指日可待。然而承承的人生剧本发生了反转，进入高中二年级后，承承突然感到一百个不适应，海量的练习题、模拟题和一次次所谓的模拟测验让承承不堪重负，透不过气来，神经开始绷得越来越紧，睡眠也越来越少，常常还会失眠，身体也越来越吃不消。整个班级里都充斥着一股浓浓的“火药味”，时不时不知从哪里飘来的“只要学不死，就往死里学”“提高一分，干掉千人”“生时何必久睡，死后自会长眠”诸如此类的“血腥”口号如雷贯耳般地侵入了承承的大脑。往日他“一路领先”“披荆斩棘”的优势与自信突然间让前行的道路变得荆棘密布、举步维艰，眼前一片乌云密布。如此这般超前的“备战”和“强化”的预演突然让承承感到已是“兵临城下”“如临大敌”，一场所谓的“人生决战”就这样悄然地来临，彻底地展开了“不是你死就是我活”的学习“圣战”。

如此一来，身心疲惫的承承开始出现巨大的情绪波动，往日自信而自在的表情已不复存在，似乎他无论怎么努力也再不可能达到以前的水平和状态，甚至成绩开始渐渐地下滑，特别是原来的长项科目数学也出现了“大跳水”，让他很是没有面子，心情一落千丈。回到家中的他，要么长时间闷闷不乐，打不起精神；要么待在自己的屋里久久不出来，茶饭不思；要么拒绝与父母家人沟通交流；要么就时不时地发“无明火”而制造出紧张空气。当父母和其他长辈发现情况不妙时，承承的郁郁寡欢、情绪低落、焦躁不安和有时情绪失控等不良症状已显现得越来越明显了，使得生性平和的父母瞬间措手不及，一脸的迷茫。

其实，早在承承进入高一下学期的时候，学业的压力和竞争环境的紧张就已经开始让他感到了不适应、不舒服、不快乐了。只是因为以前他有较好的学习基础和能力，并且他并没有想到这些变化只是刚刚开始，所以就抱着一种“不算什么”的侥幸心理继续前行着，却怎么也没想到这“黎明前的黑暗”并没有结束，接下来竟然依旧是“暗无天日”，看不到希望，无法摆脱，只能挣扎。渐渐地，他开始丢失了以往浓厚的学习兴趣，一种从未有过的逆反心理因此油然而生。过去习惯了自主学习的他，自然也不可能突然“跳出”一种寻求父母帮助的念头和意识，而如此“生扛”的结果就是在一而再再而三的无奈、无助和无力中，心理防线坍塌了。这种学习和生活的强烈反差使他原有的近乎正常的心理状态失去了平衡，伴随着他的就是困惑、焦虑、急躁和不安，渐渐地，这种完全是被动驱使下的扭曲心理让他自然而然地出现了焦虑、抑郁情绪。对于承承来说，这是一种何等的压力与煎熬啊！

承承接下来的情况完全可想而知。父母在和儿子多次沟通交流效果不佳并反复思考后，主动找到老师了解情况，寻求帮助。同时，还得顾及儿子的身体和心理问题四处寻医问药，父母轮番陪伴和照顾，以求能早日让儿子重获新生，重返学习的正轨，迎接近一年后的人生“大考”。理想是美好的，但现实却是残酷的。然而，高素质和负责任的父母并没有放弃一切可能的希望，他们一直在尝试着、争取着、努力着、坚持着……真是可怜天下父母心！

案例解析

“失掉了现在，也就没有了未来！”鲁迅先生的这句至理名言突然又从我的脑海里跳了出来，无数个“如果”迅速堆积心头，无比的沉重和心痛！

痛定思痛。我们设想一种新的情境：如果，在承承刚升入高中的时候，父母不是自以为是地麻木和“坐享其成”，而是能够及时地认识到进入青春期的儿子的身心正在经历一个快速的变化和发展，在这个充满太多可能和不确定性的关键时期给予儿子及时的关注、关心、亲近、鼓励和帮助，尤其是极可能出现心理障碍和问题的时候，给予儿子爱的温暖和悉心引导，帮助儿子在这个特殊时期准备面对困难和挑战的底气，儿子就不至于“单枪匹马”“孤军作战”，而拥有坚强的“后盾”力量支持，儿子也就不会深深地陷入这般尴尬、无奈和糟糕的人生窘境。试想：如果，承承在新的学习环境中没有遭遇如此“硝烟弥漫”的“战场”，没有面对违反青少年成长和教育规律的激烈而恶性的竞争压迫，没有经历超出常规和毫无预见与准备所带来的心理压力，并且能适时获得来自学校环境各方的及时而有效的调整、疏导、关爱和鼓励，尤其是在实施教育与管理的同时，能够关注到每一个学生的身心变化，用心发现问题的端倪，并及时地给予学生引导和爱护，与父母一起合力打造出一道温暖而有力的“防火墙”，承承这样的青少年就不会心理崩溃，被如此的学习环境压力彻底打垮。可惜生活的舞台没有彩排，在日常的世界中没有“如果”。

在现实生活中，很多诸如以上所记载的案例在我们身边发生，时不时带着一种残酷的真相，考验着每一个正在经历的人，考验着我们的孩子和父母家人。无论你的过去是怎样的，或顺或逆、或好或坏、或成或败，都将重新面对真实的现在和未来，考验的是我们的态度选择、承受能力、情绪管控和心态走向。

3. 构建以学生健康成长为中心的爱的教育

当前，我们的教育正处在一种充满着挑战的状态之中，应试教育和功利教育之风似乎正在席卷着学校教育和家庭教育，唯分数论的思想倾向愈演愈烈，有些学校“重知识，轻能力；重成绩，轻素质；重教书，轻育人；重竞争，轻心理”的倾向依然存在。如此的教育异化，正在渐渐地将教育本身应有的丰富内涵抽空，剩下的仅仅是一个个干瘪的分数。就如蔡元培先生在《教育独立议》一文中所说：“教育是帮助被教育的人，给他能够发展自己的能力，完成他的人格，于人类文化上能尽一分子的责任；不是把被教育的人造成一种特别器具，给抱有他种目的的人去应用的。”假如在这样的教育大环境下时间久了，有些学校只注重培养学生应试的能力和技巧，而轻视了培养学生的自主学习能力和创新思维的开发；有些教师只顾传授书本知识和考试重点，而忽视激发学生的学习兴趣和主观能动性；有些学生拼命地追求高分和上名校，而丢失了个性发展和综合素质提升的机会；有些父母对孩子的不合理期望值以及“过度”教育倾向，使得孩子的学习目的越来越功利化。我们在固有的传统教育观念，甚至是僵化保守的教育教学管理模式以及固执的刻板印象影响下，严重地束缚了我们应有的教育进步和发展，让越来越多的儿童青少年在接受现行的教育过程中，失去了应有的精神形象。教育家蒙台梭利如是说：“教育就是激发生命，充实生命，协助孩子们用自己的力量生存下去，并帮助他们发展这种精神。”

因此，真正的教育应该是彻底回归本真的教育，而非反其道而行之的教育；应该是以学生健康成长为中心的爱的教育，而非“灌输式”“强迫式”和“改造式”的教育；应该是以正确的教育成果为导向的科学教育，而非舍本逐末的偏激教育。共同为儿童青少年的健康成长营造一个风清气正的优良教育环境，是我们身为父母和教育工作者义不容辞的历史责任，机不可失，时不可待！

面对当下笼罩在这个时代大环境中的教育的重重迷雾、种种问题，我们是选择躺平还是迎难而上、找到突破口有所作为？我想到了朱永通先生在他的《教育的细节》一书中引用的一个故事，给了我极大的启发。书中是这样记载的：

在柏林墙倒塌的两年前，东德的卫兵亨里奇射杀了一名企图越墙逃往西德的青年克利斯。1992年2月，在统一后的柏林法庭上，亨里奇受到审判。被告律师辩称，亨里奇只是在执行命令，而没有选择的权利，所以罪不在他。但是法官说：“作为警察，不执行上级命令是有罪的，然而打不准是无罪的。作为一个心智健全的人，此时此刻，你有把枪口抬高‘一厘米’的主权，这是你应自动承担的良心义务。”

这个故事告诉我们一个朴素而睿智的道理：我们与其指责或等待教育制度的改变来拯救我们的教育，还不如向自我求变，学习故事中“一厘米主权”之变的信念与行动，从我们能改变之处，一点一点地开始改变，创造一切有利于学生的条件和机会，担负起我们作为教育者的责任和使命，从而给予学生们充满自由、人性、机会和美好的教育。俗话说，完美在于细节，教育更是如此。所以，我们只要坚持自觉反省教育过程中的每“一厘米”细节，就能收获应有的教育美好！正如苏格拉底所说：“未经省察的生活，不值得一过。”

四、互联网影响因素

随着社会经济的快速发展，互联网已全面地走入了千家万户，并对人们的生活产生着深远的影响，生活方式也因此发生了改变。

1. 互联网：影响儿童青少年生活的“双刃剑”

《中国国民心理健康发展报告（2021 — 2022）》心理健康蓝皮书显示：2022年2月25日，中国互联网络信息中心（CNNIC）发布的《第49次中国互联网络发展状况统计报告》显示，我国未成年网民已达1.83亿人，其中城镇和农村未成年网民通过手机上网的比例分别高达92.0%和92.7%，手机已成为青少年上网的主要途径。2022年1月1日，世界卫生组织（WHO）宣布《国际疾病分类》第11版（ICD–11）正式生效，“游戏障碍”（Gaming Disorder）被列入其中，包括在线游戏造成的游戏障碍。2021年7月22日共青团中央维护青少年权益部、中国互联网络信息中心（CNNIC）20日在京联合发布《2020年全国未成年人互联网使用情况研究报告》表明，未成年网民中有62.5%会经常在网上玩游戏，而手机是未成年人上网玩游戏的主要设备，玩手机游戏的比例为56.4%。我们应该警惕这一问题：个体持续、强烈地对手机产生渴求感和依赖感就会形成手机过度依赖或手机成瘾，会对儿童青少年的成长和发展带来许多负面影响，与睡眠障碍、焦虑、抑郁、学业问题等密切相关。

互联网作为开放式信息传播和交流的工具，正在一步步地走进儿童青少年的生活、学习和社交。互联网从刚刚兴起到现在的风靡一时，儿童青少年凭借着对新鲜事物特有的接受能力，很快就成了它忠实的应用者，无论是生活、学习、娱乐和人际交流，互联网都发挥了不可替代的作用。但是，已深入儿童青少年生活的互联网却又是一把“双刃剑”，在给他们带来有益作用的同时，又由于他们辨别是非真假和利与弊的经验不足，不在少数的网络糟粕也随之一点点地侵袭着他们的心灵。

另外，在整个互联网运用过程中，由于网络语言所具有的自由开放、标新立异、简单明了、形象生动、粗俗平庸、语意模糊、开放性、随意性与爆发性等传播特点，所以，它会对正处于成长和青春期的儿童青少年群体具有魔幻和强大的吸引力。由于儿童青少年从来就是社会生活中时尚与流行的载体和传播者，网络的个性化特点也在他们的身上表现得淋漓尽致。网络语言繁多、独特而多变的表达方式，使得他们在无限展示自我个性和特别过瘾的同时，又产生漫无边际的联想。从而彰显出他们无拘无束、自由奔放和天马行空的个性特征。他们在网络上任意驰骋和尽情表达各种情绪与情感的同时，又会反馈回许多形形色色和五花八门的信息与内容。他们在互联网这个虚拟世界里，一方面会看到、找到许多符合年龄特点的有益东西而受到启发和激励；一方面又会被许多从未听过、见过的超过年龄范畴的内容所刺激，特别是被许多不利于他们健康、不文明，甚至出格的东西所诱惑，进而或模仿、或尝试，随即我行我素，肆意妄为，不计后果。有的儿童青少年甚至会以“反正都是虚拟的你和我，所以就无所谓什么好与坏和对与错”的心理反应，开始成为不文明和不良言行的践行者和传播者，甚至自己成了始作俑者。原本正常的表达变成了另类的网络语，应该友好的话语变成了低俗的语言，甚至随意爆出粗口，反正是怎么舒服怎么说、怎么过瘾怎么来，完全是一个十足的“两面人”。

2.“手机上瘾”与“网络游戏”所致的负性影响

2022年3月至6月，中国科学院心理研究所国民心理健康评估发展中心对我国的29个省（自治区、直辖市）3万多名10岁至16岁的中小学生进行问卷调查，调查表明，截至目前有超过三分之一的青少年可能因使用手机而影响了现实中的学习和任务。对于手机的依赖最明显的表现可能就是青少年会花更长的时间在手机上。在以上调查中，有超过四成的青少年不同程度地表示同意使用手机的时间比自己预想的更长。而在未完全调查统计的现实里，沉迷于“手机上瘾”的情况可能还要更加的突出和严重，因此对儿童青少年造成的危害随处可见，甚至令人发指。

在这个互联网时代，让我们感到悲痛和震惊的一起又一起负性案例正在发生，因“手机上瘾”、沉迷于“网络游戏”出问题或发生极端事件的儿童青少年已不在少数，类似上述真实案例的悲剧至今依然在我们的身边悄然地发生着、持续着。近期，《经济参考报》一篇关于网络游戏的报道引发热议。报道指出，未成年人网络沉迷现象普遍，其中网络游戏对未成年人的健康成长造成不可低估的影响。文中引用了共青团中央和中国互联网络信息中心联合发布的《2020年全国未成年人互联网使用情况研究报告》的数据。该报告显示，2020年，我国未成年网民达到1.83亿人，互联网普及率为94.9%，高于全国互联网普及率（70.4%）。此外，有74%的儿童和青少年拥有智能手机、智能平板、个人电脑等个人网络设备。

3. 互联网时代对儿童青少年身心的巨大挑战

我们辩证来看这个问题，一方面，互联网是一个巨大而无限的信息宝库，是一种特殊的大众传播媒介和交往方式，它可以极大程度地满足信息资源共享，突破人与人之间交流中的时空局限，丰富的信息对开阔儿童青少年的眼界、拓展思维空间、帮助他们了解更加广泛的新鲜事物具有积极的作用。另一方面，互联网同时又好似一个信息的垃圾场，除了林林总总、五花八门和良莠不齐的信息内容以外，各种各样、形式繁多而杂乱的有关黄色和暴力的信息与内容又混杂并充斥其中，好似一个庞大的互联网“杂货铺”。

显而易见，互联网正在或将对儿童青少年的学习、生活、交流、互动和思维方式与习惯产生巨大而深远的影响，而其中更加重要的是，这些影响对儿童青少年的价值观以及行为走向又有着极其关键而近乎不可逆的作用，而其中消极与负面的影响不可估量，更不容忽视。

由于互联网的即时快速、极其隐蔽、单向传播和迅速发散等特点，又会极大程度地削弱儿童青少年的认知力、辨别力、自控力和发现等成长方面的能力，而渐渐地导致思维迟钝、行为短暂、记忆下降、思想麻木、情绪紊乱和精神恍惚等一系列心理扭曲后遗症。由此，放得下休息放不下手机、丢得下吃喝丢不下诱惑、弃得了一切弃不了刺激，完全将自己超脱于超现实的虚幻世界之中而不能自拔。接下来的就是，身体越来越虚弱、心力越来越交瘁、思想越来越空虚、情感越来越淡漠、行为越来越诡异、神情越来越恍惚、心理越来越扭曲、精神越来越崩溃，这些无不是对一个人，尤其是儿童青少年身体与心理的巨大挑战！

据《公民与法治》杂志《网络对青少年犯罪的影响及预防对策》一文所统计，目前，计算机犯罪大约只有1%被发现，而且这1%中，只有4%会被指控。正如新近流行的俗语所言：在网上，无人知道你是一条狗。行为主体的这种相对隐蔽性，使得网上的不道德行为日益增多。据百度文库《论不良网络文化对青少年犯罪的影响》一文所记载：北京五所高校的一个调查，有12.5%的人曾经获得他人的邮件，有9.8%的人曾经查阅黄色的图片或文字，98.6%的人曾经获得机密和他人的私人信件，5.4%的人曾发布不健康的信息。由此可见，互联网环境影响已成为一个关乎儿童青少年健康成长的重要因素和再不可轻视的社会问题。

为此，我们必须严正地纠正一种关于涉及教育严重问题采取“刻意回避”的认识错误和态度：不知道我们是凭借怎样的理由和逻辑？又是为了什么？不敢直面因我们的教育和文化错误与局限所造成的儿童青少年不断发生严重抑郁和轻生的现象与事件而带来的极端心理健康与严重社会问题。我们的教育者和父母怎么能够于事实和后果而不顾！请问，到底谁应该对在我们眼前的这些幼小和年轻的生命负责？又由谁来为此造成的不可挽回后果买单？在这强大的事实和严峻的形势面前我们如果避重就轻，甚至采取如此无情的回避或逃避的态度，后果不堪设想，难道我们还要眼睁睁地让一个个幼小和年轻生命的逝去和一个个家庭的破碎就这样继续地发生着、持续着、泛滥着，这又是何等的思维逻辑和思想道德？

给教师和父母的提示

儿童青少年时期是人的一生中最自由、天真、浪漫、活泼、多彩、有趣、律动和充满活力与梦想的美好时光，也是习惯养成、个性张扬、人格塑造、精神建立、思想成熟和快乐成长的关键时期，更是价值观、人生观和世界观形成的重要阶段。每一个孩子的健康成长关乎家庭、民族和国家的发展和未来，只有家庭、学校和社会各方齐心合力，用心、用情、用智、用法才能成就一个个活泼、健康、快乐和多彩的孩子！

我们发现网络依赖、手机成瘾等不良习惯正在儿童青少年的生活中蔓延，一点点地侵蚀着他们正在发育的身心，越来越严重地影响着他们的健康成长，低生命意义感、高空虚感和低迷失落感正在扭曲着他们人生发展的方向，孤独、困惑、焦虑和抑郁等心理健康问题越来越突出和严重，使得家庭矛盾和冲突频发，社会稳定问题越来越凸显。在这样一种严峻的形势下，我们需要认真思考，如何居安思危，亡羊补牢，救救我们的孩子们，这是我们当下教育的首要任务和历史使命，责无旁贷，义不容辞！

第三章
对症下药：儿童青少年心理发展普遍问题与应对方法

当下儿童青少年心理健康问题越来越普遍、凸显和严重，面对这一严峻的教育现实和状况，我们的家庭、学校和社会应重新选择正确的教育站位，找到问题的症结所在，切实采取一系列及时而行之有效的应对措施，弥补不足，纠正方向，改正错误，正本清源，还儿童青少年一片阳光温暖、清新晴朗的教育天空。

当下，儿童青少年心理健康问题越来越普遍与凸显，已成为一个影响他们正常、健康成长，家庭和谐幸福和社会稳定发展突出的教育和社会问题。儿童青少年的心理健康问题不仅会导致个人痛苦、造成家庭负担，还会给社会发展带来潜在的消极影响。

《中国国民心理健康发展报告（2021—2022）》对全国范围内超过三万名青少年的调查数据进行了分析。结果发现，参加调查的青少年中有约14.8%存在不同程度的抑郁风险，且随着年级的升高，这种风险也有增加的趋势。其中的大学生，有38.26%存在轻度焦虑风险，有16.54%存在轻度抑郁风险，有4.94%存在重度抑郁风险。2020年的调查显示抑郁风险的检出率，在小学4—6年级学生中为11.4%，初中学生中为26.6%。2022年《国务院办公厅关于印发“十四五”国民健康规划的通知》强调要“促进儿童青少年身心健康，加强儿童青少年心理健康教育和 服务。”

面对这一严峻的教育现实和状况，我们的家庭、学校和社会如何重新选择正确的教育站位，找到问题的症结，在已引起国家和全民高度重视的前提下，居安思危，痛定思痛，积极作为，切实采取一系列及时而行之有效的应对措施，弥补不足，纠正方向，改正错误，正本清源，让我们的教育彻底回归正常和正轨，还儿童青少年一片阳光温暖、清新晴朗的教育天空，就是我们的当务之急！

一、习惯养成问题

一个好习惯能成就人的人生，一个坏习惯会毁掉人的一生。这是我年过半百人生的切身体会与感悟，也是在与父母和孩子们交流时常讲的一句话，一直在我的整个生活中被重复着、践行着，至今让我受益匪浅。众所周知，习惯的好坏，会影响人的一言一行，甚至决定人生发展的方向。换句话说，好习惯会让一个人受益终身，坏习惯则会让一个人一事无成。而且，一旦养成习惯，就很难改变，所以尽早改变，才能扭转人生发展的方向。

1. 习惯对儿童青少年的影响极大

习惯，尤其对于儿童青少年来说更是有着不可低估和极其重要的影响作用。无论是对于他们的身体还是心理、成长还是健康、生活还是学习、现在还是未来都将造成决定性的影响。特别是一旦养成不良的习惯，就会将他们带上偏离人生的正常轨道，直至越走越远，难以回头，甚至完全改变一生的命运。

英国哲学家培根说：“习惯是一种顽强而巨大的力量，它可以主宰人生。”我们先以几位名人的习惯养成为例，看看一种习惯，特别是好习惯是如何成就一个伟大而光辉的人生的。

俄国作家、思想家托尔斯泰从六七岁开始就养成了写日记的好习惯，他把每一天搞笑的事都记了下来。他九岁时专门记了一本《外祖父的故事》，里面记满了外祖父打仗时的非凡经历和搞笑故事，他还喜爱收集激励自己的名言警句，记了满满的一个本子；渐渐地，收集名言警句也成了伴随他一生的习惯。之后，他开始把自己关在书屋里，终日与书为伴，专心阅读、认真思考后，最终开始了自己的创作生涯。就这样一天天地笔耕不辍和坚持，他丰富而深厚的积淀使他创作出了《战争与和平》《安娜·卡列尼娜》和《复活》等一系列享誉世界的伟大文学作品，流芳百世，激励和感动了一代又一代人，他也被公认为全世界的文学泰斗。

可见，一种和一生的好习惯是多么重要和有意义。正如俄国教育家乌申斯基形象的比喻：良好的习惯乃是人在神经系统中存放的道德资本，这个资本不断地增值，而人在其整个一生中就享受着它的利息。

完美在于细节，细节又决定成败。往往所有的“细节”又是在长期的习惯中养成的。我们可以分享一个关于细节的重要性的故事给孩子们：苏联于1961年4月12日发射了第一艘载人宇宙飞船，宇航员加加林成为世界上进入太空飞行的第一人。当时在挑选第一个上太空的人选时，有这么一个插曲，几十个宇航员去参观他们要乘坐的飞船，进舱门的时候，只有加加林一个人把鞋脱下来了。他认为：这么贵重的一个舱，怎么能穿着鞋进去呢？加加林的这一个动作让主设计师非常感动。他想：只有把这飞船交给一个如此爱惜它的人，我才放心。于是，在他的推荐下，加加林就成了人类第一个飞上太空的宇航员。当时在场的人都开玩笑说：“原来成功就是从脱鞋开始的！”从这个故事中，我们可以让孩子们明白：一种好习惯就能帮助我们赢得宝贵的机遇！

我们还可以讲另一个关于细节的重要性的故事给孩子们听：1978年，75位诺贝尔奖获得者在巴黎聚会。其间，有人问其中一位获奖者："您是在哪所大学、哪所实验室里学到了你认为最重要的东西呢？"这位白发苍苍的科学家却出人意料地这样回答道："是在幼儿园里。"那人接着问："怎么是幼儿园呢？那你在幼儿园里学到了什么呢？"科学家面带微笑地答道："就是把自己的东西分一半给小伙伴们，不是自己的东西不要拿；东西要放整齐，饭前要洗手，午饭后要休息；做了错事要表示歉意；学习要多思考，要仔细观察大自然。其实，从根本上说，我学到的全部东西就是这些。"这位科学家富有童心的表达，似乎让与会的科学家们也感同身受。显然，任何一种好习惯都是从小养成并影响和成就一生的。

反之，一种不良的习惯不仅会对人的生活和健康产生不利影响和危害，而且坏习惯还会产生一系列的连锁反应，就像多米诺骨牌一样一个接一个地滋生出坏习惯，这一恶性循环不仅会不断地打乱正常生活规律，还会使一个个困难、麻烦无限叠加，造成更多、更大的可能和麻烦。而且，坏习惯一旦养成后，人的生活、学习、工作、事业和人生就会变得越来越不顺，甚至很糟糕；同时，还会给身心健康带来一系列不断的负面影响，甚至还会对身边的人造成一定程度的伤害。所以，一种坏习惯对人的影响是复杂的，也是多方面的，它会潜藏于人的生活，甚至一生之中，不断地发酵并对人造成不利影响或伤害。

2.父母如何发现孩子心中真正的“秘密”

案例：皮皮，五年级小男生，皮肤白白净净，透亮的一双眼睛里尽显机灵，一头乌黑的小卷发成了他明显的标志，活泼好动、古灵精怪，从小就是家中一宝。随着年龄的增长、年级的升高，一种渐渐成熟的势头开始明显地显露出来，个性越来越要强。在家里，越来越表现出要“称霸”家庭地位的微微气势，俨然一副小男子汉的架势，时不时欲和父亲一争高下。在学校里，只要是课外的活动他基本都是“领头羊”，在同学中有着相当的号召力，也算是出尽了风头。

然而，皮皮丢三落四的坏习惯成了父母感到最头疼的事，这也给他自己带来了不少麻烦。小时候，被亲友们百般宠爱的他拥有应有尽有的各类玩具，可谓是琳琅满目。但是，在每一次尽兴地“展演”后都是一片凌乱不堪的景象，他根本没有收拾和整理玩具的主动意识，不是丢了这个，就是落了那个，最后还得父母出手相助。所以，他的各类玩具渐渐地被他丢三落四的坏习惯弄得不是缺胳膊少腿，就是通通面目全非，基本上没有一件是完好如初的。尽管父母特别是妈妈因此有不耐烦的时候，皮皮自己也有因找不到相对应的配件而生气的时候，但是，这样的局面一直都没有得到有效控制和改变。

除此之外，皮皮从小养成的丢三落四的习惯照样在生活和学习的方方面面复制着，蔓延着。无论是出门上学，还是外出玩耍，不是忘了带这个，就是丢了拿出去的那个。每一次这样无奈的损失之后，不是父母唠叨和责怪，就是皮皮怨声载道，家庭氛围也因此时而“水火不容”，时而“六亲不认”。就是由于这个看似小小的习惯性失误，却给孩子和家庭带来了太多本来没必要的麻烦和痛苦。

其实，儿童青少年的许多不良习惯问题，是从小开始一点点长期所养成的，日积月累，并且在父母的影响下，常常会以为这些习惯，司空见惯，无伤大雅，想改就改，能改再改，即便是改不掉也不必小题大做。殊不知，就是这个或这些自以为“小”的习惯却会对他们的生活、学习和成长造成不可低估和不可计量的影响和损失。在这里，皮皮就是一个鲜活的例子。

“丢三落四”“粗心大意”的习惯开始在皮皮生活和学习等方方面面综合发力，因此他的生活失去了秩序和规律，变得随意和凌乱起来，应有的正常体验和美好感受也变得无趣和反感起来，生活的乐趣变得越来越少，麻烦和苦恼却是越来越多。皮皮对学习失去了应有的兴趣，学习效率也越来越低，成绩也越来越不理想，自信心更是越来越不足，压力和痛苦却是越来越大。一来二去，亲子关系出现了裂痕，家庭氛围也笼罩上了一层焦灼和紧张的阴影；使父母情绪起伏不定心情焦躁不安，使皮皮的心理发生消极变化并出现不良反应和健康问题。真可谓因小失大，得不偿失！

皮皮面对这看似莫名其妙和突如其来的打击和痛苦，带着一脸的无奈和无辜，并思来想去后终于说出了自己的心声：

爸爸妈妈，其实我不是一点都不知道，不懂事。有时候，在我随意、不小心和任性的时候出了错，除了别扭、难受和生气外，我也会怪我自己“怎么会这么笨?”我总是因为丢三落四，马马虎虎让自己老出错，完了就是不舒服、不高兴，还会控制不住自己和你们生气和吵闹，妈妈气哭，爸爸对我和妈妈大声喊叫，弄得一旁的姥姥姥爷又急又难受，有几次我回到自己的房间偷偷地哭过，好像你们也不知道，我也知道是因为我才让你们大人那样生气和难过的；其实我都知道的，当时也不知道是为什么，就是不想，也不敢跟你们说。因为，每一次我出问题以后，你们说的话差不多都是一样的，除了着急以外就是说我、批评我，或者训我，我更是除了委屈和害怕，就是什么也不想说，说不出来，所以，次数多了，时间长了，我也就这样习惯了。

现在，因为我老忘事，老落东西，连玩玩具的兴趣都快没有了，我的心情也越来越不好，干什么也专心不起来，学习也好像跟着一起没意思了，所以成绩也不好了，同学肯定会看不起我的，老师会不会也开始不喜欢我了？爸爸妈妈，你们能不能告诉我，我到底该怎么做呀？你们一定要相信我，相信你们的儿子是能改的，也会变得越来越好的，因为我不想再这样总是被你们批评了，更不想总是不高兴、不快乐了！求求你们了，相信我吧！

我已经想过了，真的。如果我改了这些毛病和不好的习惯，你们就不会再说我了，我就能像我们同学和别的小朋友一样每天都开开心心地玩和好好地学习了，你们也不用总是因为我生气和发火了，姥姥姥爷不用再着急和难受了，你们也不会再当着我的面争吵了，我们一家人就可以像我小的时候一样高高兴兴地在一起了，同学也不会看不起我，老师也不会不喜欢我了，这样多好啊！

爸爸妈妈，但是我还是有一点不知道我怎么做才能改好。其实，在上个学期的时候，我就已经试过了，我还试了好多办法，刚开始好像和以前不一样了，可是没过几天好像又和以前一样了，还是没有耐心，坚持不下去，一会儿好一会儿又不好，真的不知道是因为我太笨了，还是我真的不懂应该怎么做才是对的和最好的办法。反正不管了，你们得帮帮我！那我们就从头开始好吗？

如果我还是因为马虎和不小心又出错了，你们能不能先别着急，也不要跟我发火，慢慢地告诉我错在哪里，然后再教我应该怎么做才是对的，我就会照着你们说的去做，这样是不是就会做对、做好了，是不是就没有问题了。如果是这样，那我就会好好地记住方法，然后再认认真真地重复和练习几次，就再也不会错了，这样不就成功了吗！只要你们特别耐心地说和教我，我就不会再像以前一样着急和马虎了，因为这样我就不会紧张，就没有压力了。另外，如果我做到了、做好了，你们能不能也像我一样，妈妈也不再动不动就着急，说两句话我不听就跟我生气、发火，有时候很长时间也不理我，非要等着我去和您说对不起，您才和我说话。爸爸，您能不能也像我一样改改丢三落四，总是忘事的毛病，不然就会影响到我，就做不了您儿子的榜样了！另外，您能不能不要再像以前一样，我做错了就气势汹汹地吼我，我一害怕就不知道怎么做了，您能做到吗？您能答应我吗？我向您保证，只要您能做到，我就也能做到，我们拉钩，“拉钩上吊，一百年不许变!”如果你们做到了，但是我还没有做到，你们再打我、骂我都可以，怎么着都行!这样可以了吗?我的“大哥大姐”!(现在有的孩子对父母的俏皮别称!)

读完皮皮的这封来信之后，爸爸妈妈给皮皮回信如下：

宝贝儿!爸爸妈妈也有话要说：谢谢你，爸爸妈妈的好儿子!听了你说的这番话，就像耳边突然划过一声惊雷，让爸爸妈妈忽然地醒悟了，不，应该是觉醒!

过去，特别是你的小时候，爸爸妈妈除了天天亲你、抱你、逗你和爱不够你外，几乎把所有的注意力都放在了让你吃什么好的，让你穿什么漂亮的，让你玩什么好的，让你怎么才高兴这些条件上，好像这样就可以让你健健康康、快快乐乐成长，看来，爸爸妈妈真的错了，要向你真诚地说一声“对不起!”

爸爸妈妈不是不知道“顾此失彼”和“因小失大”的道理，但是，就是一直很固执地按照我们自以为是的想法去看你、对待你，总以为我们那样做就是真的爱你，而且肯定是对的，却始终没有去耐心地听你讲的话、没有细心地去观察你的反应、没有好好地去考虑你的感受、没有用心地去发现你出现的问题、没有认真地去问一个为什么、没有及时地去帮助你、更没有自觉地去反思我们自己有没有问题。反而是，在你不听话和做错事的时候，不分青红皂白地就急着去说你、批评你，甚至还忍不住地去吼叫你、指责你，而且常常还没有耐心，控制不住情绪，声音大、语气重，只想着我们自己要发泄，而完全没有考虑你当时的真实感受，更没有去顾及你的心理能不能承受，让你总是在紧张之后就是害怕，难受之后就是痛苦和遗憾，最后忘了自己到底错没错、错在哪里、该怎么办？

皮皮，你已经长大了，你也在帮助爸爸妈妈成长。是我们错了，我们太自私了、太固执了、太糊涂了！你说的这些话让我们看清了自己，认识到我们作为父母应该怎么认真和理智地去对待你在成长中的所有事情和问题，明白了我们作为父母的真正责任是什么，更懂得了我们父母也要学习教育的知识和正确方法，和你一起成长、一起长大、一起进步。其实，你的问题和错误首先是我们的问题和错误，我们再也不能用我们的错误无理地去为难、批评和指责，甚至是过分地惩罚你。就像你说的，爸爸妈妈先做好你的榜样，先从我们自己做起，以身作则，以理服人，和你做朋友，和你平等相处，尊重你信任你，有时候还要谦虚地向你学习，学习那些我们不懂的新知识和新事物，学习那些你超过我们的技巧、方法和智慧，让我们一家人在相互尊重、相互理解、相互信任、相互鼓励和相互帮助中轻轻松松、快快乐乐和幸幸福福地过好每一天，一起创造和迎接我们美好的未来！宝贝儿，加油！让爸爸妈妈重新好好地爱你一回吧！

案例解析

从孩子和父母的书面信件对话来看，问题已真相大白。要不是皮皮有机会如此道出自己可能已压在心底很久的心声，他的父母就不可能或根本没机会亲自“看见”他们生命中的这个既熟悉又陌生的儿子最真实的样子，也就无从发现儿子心中的真正“秘密”，更不可能“探视”到儿子的心灵世界！进而继续自以为是地实施和坚持“以大欺小”的教子方式和习惯，置自己儿子的无辜与渴望于不顾，并且从不自觉地去查找作为父母身上的毛病和问题，连起码的“种瓜得瓜种豆得豆”的因果道理都不懂，而一意孤行、一如既往地去批评、埋怨、指责和教训儿子，让正在一点点成长的儿子常常感到是非不清、对错难辨、真假不分，在这样的条件和环境下被逼无奈地接受着这样所谓的“家教”，效果、结果可想而知，显而易见！

从习惯的角度来说，天下的父母大致可以分为两种类型，一种是让自己成为孩子一生效仿和学习的榜样；一种是让孩子从小就明白永远不要活成父母的样子。因为，孩子就是父母的镜子，它必然折射出父母所作所为、言行举止的影子；父母的所有言行习惯，其实就是紧跟着被复印出来的孩子的习惯，进而直接影响到孩子今后的大部分习惯养成和个性、人格与未来人生的发展方向和品质。因此，父母只有在和孩子一同成长中自觉地不断学习、加强修养并及时地修正自己，先养成一系列良好的习惯，启发、引导和帮助孩子养成健康的习惯并成为孩子一生中最好的习惯榜样，才是身为父母应该和最好的家教选择。恰如教育家叶圣陶先生所说：教育的目的就是培养习惯。因为，习惯将会决定一个人一生的命运。

我们相信，如果我们和孩子一起也能和老师一起这样的相处，相互尊重、相互理解、相互依靠和相互支持，能及时地把我们在生活和学习中遇到的疑惑、问题和困难告诉老师，再进行平和的沟通交流，得到老师的经验、建议和帮助，尤其是能在第一时间发现孩子的心理问题萌发和倾向，父母和老师相互配合，各司其职，共同努力及时给予温暖、引导、帮助和干预，力争把问题消除在萌芽状态。这样，就能在家校互动、家校共育和家校共促的积极氛围中创造出轻松、和谐、优质和美好的教育条件和环境，助力孩子们的健康快乐成长，形成家庭、学校和社会的和谐共赢局面，实现我们教育的初衷，迎来我们教育的春天！

3.如何把脉孩子的注意力和专注力问题

案例：小杰，从小聪明好动，是父母和爷爷奶奶心中的小机灵鬼。各式各样的中外玩具就是他最亲密的伙伴，想必它们也是他幼年时期最大的一笔“财产”，让他着实地过足了瘾，然而，幼年生活的丰富和多彩似乎又掩盖了他随之而来的“成长的烦恼”。他虽然聪明，但常常又不够认真；好动，但却往往没有章法。就这样，“注意力和专注力差”的小毛病开始慢慢地在他的生活中滋生着，在他无拘无束和我行我素的天真中蔓延着，在父母不知不觉和不以为意的错觉中忽视着，滴水穿石，日雕月琢，这个小毛病就像一朵小小的毒蘑菇，在“没感觉”“看不见”和

“无所谓”的一天天的娇惯下，渐渐地在他的童年生活和学习中长大了。

已是高一年级的小杰，在上高中前一直被“注意力不集中和无法专注”这一习惯问题所困扰着，不仅因此而严重地影响了他的学习效率和成绩，还相当程度地降低了他的生活质量，更是引起了不少的家庭矛盾。就是这个曾经被父母和小杰一直忽视掉的小问题、小毛病，却给他们一家人带来了一个个大问题，差一点儿就让原本和谐温暖的小家庭走向了崩溃。

小杰的注意力和专注力问题是在他上小学四五年级的时候被父母发现的，但是，不知道为什么，直到小杰升入初中后似乎才引起父母的关注，很可能是这个时候他们已明确地感觉到“成绩”对于儿子来说是多么重要和关键，接下来又将意味着什么！估计是，尽管在儿子的小学阶段已经感觉到了“问题”的苗头，但是因为当时“小升初”无须通过考试“过关”，所以也就顺其自然地听之任之了。然而，事实和道理却是：“你不去解决问题，问题就会来解决你！”

其实，爷爷奶奶在小杰五岁时就提示过儿子儿媳，已经发现了小杰从来没有把一套积木玩具搭完过、没有把一个别的玩具玩完过，一边搭着这个一边又动着那个；一边玩着玩具一边又去找东西吃；一边说着东一边却又想着西的毛病好像已经成为一种很不好的习惯。确实如此，小杰的父母也早就看到了儿子的这种行为趋势，甚至有好几次都看不下去想横加干涉了，但由于习惯性的“下不了手”和根本就没有引起足够的重视而不了了之。就这样，小杰和父母如此的“默契”也就习惯成自然了……

小杰进入小学三年级后，由于学习内容的增加和难度的逐渐加大，从小的生活和学习习惯，特别是他注意力和专注力的毛病和问题让他在学习上越来越吃不消，学习越来越吃力，成绩排在了班级靠后的位置，不仅自己不开心、没面子，父母更是坐立不安，不知所措，爷爷奶奶也是只能在一旁摇头叹气，有心无力。

“再这样下去，儿子的学习就完蛋了，还谈什么好初中、好高中和前途!”看来忍无可忍的父亲终于向母亲“开火”了。眼看儿子已经是初二了，两口子经过几番互怼和论战后不得不达成了一致，效仿别的父母给儿子找了一对一的辅导，以求一线希望。经过近一年的强化式辅导和干预，虽然也取得了不同程度的效果，在之后的两次考试中，小杰的数学和地理成绩比以前提高了一个、两个分数段，他自己似乎也有了一些自信，父母也因此偶露笑容，但是，一旦没有了辅导老师的加持和陪伴，小杰的“老毛病”就很快复发，那顽固不化的“旧习惯”就会马上上身，如影随形。在现实的“较量”中，只是依靠外力而没有唤起内在的驱动力，头痛医头脚痛医脚，甚至“有病乱投医”，没有找到“病根”和成因并对症下药的决心和力量，结果也是徒劳无益。正如美国思想家爱默生所说：“习惯若不是最好的仆人，便就是最差的主人。”

面对现实，痛定思痛。已是高中生的小杰有话要说：

现在，所有的自责和责备都没有意义了！我只有一个，也是唯一的愿望，那就是在老爸老妈、爷爷奶奶和老师们的真心帮助下“改过自新”！决不能再这样继续下去了，让一个习惯的毛病毁了我的一生！我相信，这一定也是你们最大的希望。

就像一句话所说的，“只有失去了，才懂得珍惜！”你们对我所有的好我都知道，我更会记一辈子。比起我的很多同学和身边的小朋友，至少你们让我度过了一个快乐的童年，也是因为这一点，让我的心里一直都留存着这份美好而难得的回忆，这也是让我无论遇到什么困难，多么的不舒服、不开心，还会抱有希望的根本原因，所以，我要改变，一定要改变！

但是，我更想说的是，我并不是想一味地说你们不好，或是完全责怪你们，把所有的责任都一股脑地推到你们的身上，而不去从自己身上找原因，我只是想找出这么多年让我越来越不好的原因究竟是怎么来的，又为什么会一直不停地影响着我的心情和让我一直都打不起精神，既让生活越来越乏味，让我的学习越来越没有目标，成绩总是上不去，甚至有的学科越来越差；又让我和你们的感情越来越淡漠，交流越来越少，关系越来越远。老爸老妈，我跟你们说实话，我真的不甘心我今后就一直这样了，我真的还有我自己的梦想，并且想一定要去实现它们，哪怕是不能完全实现，只要我能为它们去努力，就算是最后只是实现了一半或一部分，我也就满足了。关键是，我想去体验这个努力和拼闯的过程和滋味，我不是老听你们说“人生重要的就在于过程!”吗?

我前一段偷偷地从网上看了很多书和文章，都是一些关于习惯对人一生影响的内容，真的很受益，也很受启发；特别是我从跟我类似的例子里看到了与我一样的人，尤其是他们通过帮助和自己的决心与努力最终收获了“改过自新”和“反败而胜”后的那份得意和喜悦，让我很受鼓舞，对自己也越来越有信心了！既然说到这儿了，我就壮着胆子说你们几句，就算是第一次“怪”你们一回。

就是因为你们在我小的时候除了满足我的所有要求外，还老迁就我，怕我不开心；明明看到我在玩玩具时候不专注了，分心了，但是你们也从来不过来提醒我；明明看到我基本上没有彻底完成过一件完整的玩具，你们除了有时候帮着我收拾外，从来没有帮助和鼓励我一起完成；明明知道我因为注意力不集中而没有或很难完成作业，不是跟我急，就是总这样“威胁”我：“你自己看着办吧，反正明天老师批评的是你又不是我们!”基本每一次你们都是用类似这样的话来吓唬我，我除了紧张和不开心外，就根本不知道接下来我该怎么办。所以，时间长了，我也就疲了，也无所谓了。其实，如果当时你们能够耐心地跟我说，并且鼓励我：“小杰，咱们不着急，你一定可以完成的，爸爸妈妈相信你!”那我也许就不会总是那样总是没完没了地“耗”着了，我可能就会慢慢地好起来了，也就不会成了今天的这个样子了！

爸爸妈妈，书上都这样说了：“要想让孩子养成一种好习惯，父母就一定要注意孩子第一次出现的行为。例如，孩子第一次不专心、注意力不集中的时候，他并不故意要那样，而就是因为小，还没有人陪他、教他应该怎么做。这时候，孩子就会‘偷偷地’观察父母或身边的大人对自己的行为会有什么反应。如果父母或大人的态度是认真的、严肃的，孩子就很可能会明白：‘大人肯定是不喜欢我的这种行为。’由此，孩子就会开始减少这种行为。如果这个时候父母或大人对孩子的行为表现出不在意、无所谓，或者一副轻松和看上去是默认的反应，孩子就会想当然地以为自己的行为是父母或大人接受或喜欢的，由此，孩子就会‘暗自窃喜’地去增加这种行为出现的次数和频率，从而不知不觉地就养成了‘可以不专心’的不良习惯。因此，父母一定要及时和敏锐地抓住教育的关键时刻和关键期来启发和教育孩子。”如果照这样说，你们是不是错过了这样的关键时刻和关键期，所以，我被你们养成的这个毛病和习惯就不能完全“怪”我了，该反思和责怪的就是你们了！哈哈！（搞怪的笑）

通过阅读这封来自孩子的信，我们发现，主人公小杰百般无奈后的自省不仅让他自己看到了希望的曙光，而且还深深地感动了父母、家长和老师，也让同学看到了一个全新、自信和坚强的小杰，更是为有类似感受和经历的青少年们提供了如何从艰难心理困境中勇敢地走出来，从而获得健康、快乐和希望的未来的最好示范。同时，更增强了父母和老师面对青少年青春期逆反甚至抑郁等心理健康问题时攻坚克难的坚定信心，并且为我们打开了青少年心理健康教育的多元、多法和多途径解决方案的广阔思路，为我们今后的教育改革和发展奠定了积极可行和无限可能的良好基础。其实，教育从来就是双向的，必要时我们父母、家长和老师应该反转身份，俯下身子向我们的孩子们学习、请教！

案例解析

尽管小杰在父母的帮助下也做出了不小的努力和尝试，甚至也取得过阶段性的进步，但是，冰冻三尺非一日之寒，小杰从小养成的这一习惯已经是根深蒂固，哪儿是轻而易举就可以改变的，何况是小杰始终在懵懵懂懂中一步步这样走过来，也不可能在“自觉意识”的无能为力中获得正常和理性的认知，父母更是处于长期的自主意识缺失和习以为常的惯性思维中，尤其是在不求法、不得法的“急中出错、错中慌乱”心态支配下让儿子这由来已久的习惯得以“滴水穿石”般地一直延续着。因此，这积土成山式的习惯力量，不仅严重地影响了小杰的学业发展，还对小杰一家人的生活品质造成了不利影响，更是对小杰的心理健康造成了不良反应和潜在的风险与危害。

小杰与皮皮相同的情况是，他们都因为从小的某种习惯对他们的生活和学习造成了不同程度的影响，有浅有深，有轻有重；而不同的是，皮皮年龄尚小，年级还低，所形成的某种习惯时间相对较短，影响和破坏性较轻，问题解决的难度也相对简单和容易一些，后续的“后遗症”就较轻或可以消除，回归正常轨道和情况的可能性更大。但是，小杰的问题却是在很长的一段时间不断形成的，并且已呈现出基本被“固化”的明显趋势，甚至成了根深蒂固的一大难题。所以，如何能尽早去破解这一难题是摆在小杰和父母面前的一项艰巨任务，换句话说，这一问题已成为小杰一家人的一个“要命”的事情！

因此，如果要让这个由来已久的不良或坏习惯得以改变或改掉并用一个新的好习惯取而代之，那将意味着首先要从父母开始以身作则，重新立志、重新学习、重新做出榜样、重新开始经历一个“破茧化蝶”的希望之旅，更意味着要新建一种“勿以善小而不为”的坚定的责任意识。正如英国作家奥斯卡·王尔德所言：起先是我们造成习惯，后来是习惯造成我们。

4.如何对症孩子的拖延症和时间观念差

案例：小鱼儿，瘦高个儿，圆溜溜的小脸上带着一副大大的黑框眼镜，俨然一个“小学霸”，能说会道的她透着一份超越五年级小学生的成熟。每天放学回家都要把学校里发生的事家长里短般地叨叨一遍，还带着自己的分析和明确判断，乐此不疲。有时激情澎湃，可以一句不停地说上二十多分钟，也不管家人听不听，只有一番酣畅淋漓之后才善罢甘休；有时又义愤填膺，把这个人的不对和那件事的不合理数落一遍，还要加上自己坚定的态度，犹如断案一般。相对她四年级以前，如今已是判若两人，让一直都认为她不善言辞、天真幼稚，甚至有时还有点“无理取闹”的父母和姥姥更是刮目相看。听班主任老师说，有时显得我行我素和郁郁寡欢的她，似乎突然间像是变了一个人似的，要么和同学展开热情激昂的争论，要么就是“路见不平，拔刀相助”，尽显“英雄本色”。所以，老师发现了她的这个特别的“强项”后，有时就会请她“出山”帮助化解其他同学之间的矛盾，往往都是让老师喜出望外。显然，这就是一个孩子看得见和看不见的成长。

一个人，皆有长有短，小鱼儿也不例外。从她上小学开始，就在家里获得了一个“小磨蹭”的外号，起初或许是因为年龄太小，还谈不上什么理解力，她就欣然地把这一外号当作了父母对她的爱称，甚至还觉得好听、可爱。但是好景不长，她升入三年级后，她就开始反感这个已经跟随了她几年的这个所谓的“爱称”外号，认为这里面好像带着指责和埋怨，甚至还有一点鄙视的意思，所以，她就开始反击父母：“你们才是‘大磨蹭’呢！”第一次坚定地亮明了她的态度。

说到“小磨蹭”的来历，故事还得追溯到小鱼儿上幼儿园大班的时候。在家里的她经常表现出不急不慌和慢条斯理的风格，让她收拾自己玩过的玩具时，她总会说：“等一等、等一等！”每次出门前面对妈妈“小鱼儿，咱们该走了！”的催促，她常常回以“知道了、知道了！”却按兵不动。类似的情况，父母从老师处也得到过反馈。或许当时因为她还小，活泼可爱，所以，父母也就顺其自然、听之任之了。就这样，慢慢地她就形成了俗话说的“拖延”习惯，并一天天地扩展着，走进了小学。

一年级时这种情况依然在延续，但是，由于小鱼儿和父母都沉浸在“上小学了”的喜悦中，所以这个“问题”并不显眼，也就没有引起什么重视。然而，一年以后由于学习内容和作业量的增加，压力就开始出现了。在父母的眼中，小鱼儿的“拖延”毛病似乎已发展为“拖延症”，什么“时间观念”都无从谈起了。每天其实并不多的作业，她总是先玩后做，或一边玩一边做、做做停停、停停做做，使得睡觉的时间拖得越来越晚，早上起床也变得越来越困难。这样一来二去，小鱼儿的生活、学习规律就出现了恶性循环，其中的问题也积压得越来越多，效率也越来越低。父亲曾试图想用“爸爸的权威”来一个“扭转乾坤”，强行限制了她玩和写作业的时间，有时还以“你如果再这样拖下去，爸爸就不答应你这个，不给你那个”带有威胁的语气来强化这一严格的规定，但是，一方面由于小鱼儿根本就没有这样的意识和经验，所以就难以照办；另一方面因为父亲也没有将“权威”坚持下去，所以，最终就是无功而返，走了一回“过场”后而不了了了之。因此，小鱼儿不仅没有开始发生改变，反而又固化了原有的习惯，继续“拖延”和“不守时”的生活、学习旅程并呈现出愈演愈烈的趋势。

进入五年级以后，小鱼儿的学习压力在“拖延症”的持续影响下显得越来越突出和加剧。一旁的父母，特别是母亲也越来越表现出急躁和不安的情绪，甚至有时候还难以控制，父亲要么急了就吼两句，要么就干脆置之不理，弄得家庭气氛一时一团糟。现在，小鱼儿放学回到家，写作业的时间也越来越长，常常写到很晚，其间还会穿插着做一些零七八碎的事情，如画画、折纸、倒腾小女生的各种贴画和毛绒玩具，结果一个小时左右就能写完的作业，她要写上三个小时，甚至更多。父母即便是不断地提醒、催促、着急、生气，小鱼儿也依旧是磨磨蹭蹭，没有一点积极的反应和改变。渐渐地，她不仅是写作业拖拖拉拉的，而且做别的事情也都是不紧不慢的，就算是“火上房”了也不会着急，让父母和姥姥急得团团转，抓耳挠腮，百般无奈，可是小鱼儿反倒是从容淡定般地“稳坐钓鱼台”。从表面上看，这种已被时间习惯了的稳定局面看似风平浪静，其实在小鱼儿的心里已经把时间的概念刻上了一道道模糊的痕迹，使得她对这种习惯逐步地形成了一种依赖，由此对她的心理建设和发展产生不利影响。由此可见，起初在小鱼儿身上埋下的那一粒小小的“拖延种子”在时间和父母润物细无声地“浇灌”下，已经生根、发芽、枝繁、叶茂，并结出了今天的这个难以下咽的苦果。然而，这一切都源于父母、家长错过了小鱼儿在开始建立对时间认知、感受和概念的关键期机会，并在往后的时间和日子里没有及时地弥补和重建，因此形成了今天十分被动的状态。

解决方案

经过一番艰苦卓绝的“斗争”和“和平谈判”后，父母终于被小鱼儿的能说会道、真情实感和言之有理所感动，最后一家三口坐下来就如何协助小鱼儿克服并解决“时间观念差”的“老大难”问题达成了一致意见，并心平气和地签订了一份看上去完全行之有效的“攻守同盟协议书”，从此开始了一家三口精诚团结、合作共赢和从未有过的艰苦而快乐的“成长旅程”。

协议特别说明：经甲方（小鱼儿）和乙方（父母）友好协商，达成以下协议。本协议一式三份，甲乙双方各持一份，另外再报送班主任老师（支持）、抄送姥姥和舅舅（监督）各一份，每份都真实有效。

条款一：父母首先以身作则，小鱼儿以父母为榜样；相互信

任，相互鼓励，相互支持，珍惜时间，一同进步。

条款二：从现在开始共同制定出每一天切实可行的生活和学习的时间计划，并且细化到各自生活和学习的每一项任务上，再标明具体的任务和时间（以分钟为单位）要求（细则打印成一张大纸粘贴在客厅明显的位置上）；之后，相互监督，相互提醒，相互帮助，严格执行，不得耽误。

条款三：把责任还给甲方，把义务留给乙方。今后，由甲方主动承担属于自己生活、学习和其他方面的所有责任，在没有特殊情况发生的前提下，乙方不得“代替”“越界”和无故“干涉”；只有在甲方确实尽力了但无法完成（如生病等），并主动提出请求后，乙方才能提供必要和及时的帮助，让甲方得到全面的锻炼。乙方更要完全承担起作为父母的所有义务，确保家庭的正常运转和必备条件（包括乙方双方的友好和感情、姥姥的健康和快乐以及对舅舅的关心），不得出现大的失误或错误。

条款四：必须每个月开一次家庭民主生活会。坚持平等、友好、尊重和谦让的原则，各抒己见，坦诚相待。道理不分大小，谁对就听谁的，不许不讲道理，更不许以大欺小。认真总结，及时纠错，如果遇到困难和意外，一起面对、商量和克服，共渡难关。

条款五：坚持学习。特别是相互学习和向别人学习的习惯，保证甲方和乙方一起成长，共同进步。尤其是要学习好品质、好方法、好经验和好作风，让一家人健健康康、快快乐乐和幸幸福福地生活在一起。

条款六：如果甲方因意外或者特殊原因没能按时、按量、按质完成部分或者全部计划和任务，甲方首先要及时分析原因，及时尽力弥补和赶上；但是，乙方不得着急、慌张和发脾气，应该及时关心和理解甲方，并想办法引导、帮助和支持甲方克服困难，顺利完成任务。

条款七：奖励和惩罚。设立家庭积极进步奖励基金，对取得明显进步的家庭成员（包括姥姥和舅舅）每个月奖励一次，具体金额由甲乙双方共同商量而定。甲方从每年得到的压岁钱里自愿拿出一部分投入奖励基金中，父母各自从每月的工资里拿出10%投入奖励基金中，必要时再共同商量增加比例（如压岁钱增加、涨工资和发奖金），目的就是要激励进步和先进，并一直坚持下去。如果任何一方出现明显或者大的失误和错误，除了扣罚每月应得的奖金外，还要按照失误和错误的大小和严重程度进行罚款，具体数额共同商量，并把罚款投入奖励基金。另外，还要取消单独约定的其他奖励方式（包括参观、旅游和购物）。

条款八：如有未尽事宜（之前没有想到或者商量过，但又发生的事），经甲乙双方单独重新商量后再签一份补充协议，和这份协议一起，共同有效。

条款九：本协议从甲乙双方共同签字后，即刻生效。（以下签字略）

这不是一份简单的协议，而是父母和孩子的一个共识，一次约定；一种契约，一个决心；一份信任，一种希望；一份坚守，一起改变；一同携手，一生幸福！愿小鱼儿和父母的这份“特别协议”能让小鱼儿尽早走出多年的困境，迎接成长的阳光和希望，和父母一起拥抱幸福和美好的明天！

案例解析

在选择并确定解决方案之前，我们不得不先对问题的形成背景和原因做一个客观与理性的剖析，进而找到一条明晰和正确的思路与问题解决路径，除了能够帮助小鱼儿改掉以往的不良习惯，重新建立起新习惯、好习惯外，还能对类似的孩子和家庭提供借鉴、启发和帮助，让更多的人受益其中。

这里提醒各位父母，大约到三岁，孩子才会对时间产生模糊的认识，到了七岁才逐渐形成时间的概念。因此，能否抓住孩子对时间认知和时间概念建立的重要时机，是之后孩子建立并养成良好时间观念习惯的关键所在。

我们来看一下因果关系。造成孩子“拖延症”和“时间观念差”的因素是多方面的，但从根本上来看基本体现在这两个方面：一方面是，孩子刚开始做事时候，会因为没经验而动作不熟练，同时，又缺乏相当的生活技能和动作技巧，所以，自然地就会导致孩子初次体验做事时，行动会比较缓慢。另一方面是，由于孩子天生缺乏明确的时间概念，因此在做事时自然就没有紧迫感，常常表现为“慢性子”的样子。而且，除了以上两个方面的因素和来自孩子自身的一定原因外，父母在日常生活中，特别是面对孩子时的一系列不良习惯，也会直接影响到孩子的行为模式和行动能力，或者说就是模仿。

我们要想解决孩子的习惯问题，这里有几种方法供参考：

一是请父母们记住机不可失。“儿童心理学之父”皮亚杰认为，人类对于时间知觉只有在大脑的推理能力发展到一定程度才产生。孩子没有“时间观念”，除了具有孩子的“自然原因”外，就是因为父母没有抓住孩子三至六岁这个对于时间认知、习惯养成和性格塑造的关键时机，让孩子在这个重要的发展阶段，一点点、一次次地错过了时间概念建立和时间观念养成的最佳机会，毕竟机不可失，失不再来！你要知道，父母在发现孩子的“拖延症”毛病后的态度和行为，很大程度地决定了孩子习惯问题的走向和结果。孩子在生活和学习中的磨磨蹭蹭、拖拖拉拉毛病无疑是让父母十分头疼和容易急躁的一件事情。但是，如果每次这个时候，父母要么唠唠叨叨，好坏话说了“一箩筐”；要么急中生恨，恶语相加；要么情绪失控，“单打”“双打”轮流上；要么简单粗暴，不计后果；要么越俎代庖，包办代替；要么放弃责任，听之任之。总之，就是乱了方寸，胡乱作为，而不是认真反思，理性面对，努力探究，积极作为。

二是正确选择。首先，父母要以真爱为前提，以耐心为基础，以方法为指导，以智慧为技巧，以效果为导向，以成果为目标，端正态度，明确方向，实事求是，放松心态，攻坚克难，勇往直前。其次，以理服人。耐心细致地把拖延症可能造成的后果和危害讲给孩子听。比如，孩子早晨如果磨磨蹭蹭不起床或起晚了，父母再三地提醒：“再不快一点就要迟到了！如果孩子仍然没有重视和改变，自己就要去体会因迟到而将对自己产生的不良后果。也就是说，只有孩子亲身经历和体验了这样的后果后才会有所触动，才能主动地去改变。接着举一反三，声情并茂。同时，给孩子留出想象、联想的时间和空间，让孩子在自愿、自觉和自省的过程中渐渐地明白是与非、好与坏和对与错的道理，换个角度就是，年龄虽小，但孩子也有自己的思想，当面对来自父母的唠唠叨叨、急躁情绪和没完没了的催促声时，孩子往往就以沉默不语、消极抵抗和故意拖延等方式来表达自己不满的情绪和态度，这在心理学上被称为“被动攻击”，如果这样延续下去，就会让孩子产生消极的心理障碍，并向着负面的方向发展。

三是积极鼓励。父母以饱满的热情和满脸的微笑向孩子讲述身边或书里一个个“时间观念强”，因珍惜时间而让自己获得很多好处和无限机会的故事。比如，告诉孩子：“按照你的能力，如果你能抓紧时间认真地写，妈妈觉得最多二十分钟就能完成了，如果你能按规定的时间和咱们的约定完成的话，那你就可以获得自由玩耍一刻钟的机会，并且还能得到奖励，难道这不是一件好开心的事情吗！”孩子听到按时完成作业不仅能玩，还有奖励在等着他，心理学上说的“条件反射”很快也就出现了，孩子也在这样的启发和激励中开始悟到珍惜时间的好处和快乐。再比如有一个童话故事：从前，在一个美丽的小岛上，有一天，一个男孩无意间在森林里捡到了一块显得有些古老的手表，自从他戴上这块特别的手表之后，他做起任何事情来都超快，好像这块手表总是在提醒着他：快点儿、快点儿……就这样，这个神奇的声音也影响到周边的人，他们做事也变得越来越快。结果，大家在忙了一整天后上床睡觉时，才发现太阳还依然高高地挂在天上，竟然他们多出了很多的时间，就可以痛痛快快地玩了，从此，时间就成了这个小岛上所有人最喜欢的好朋友。这个故事有很好的教育作用。

二、青春期逆反

诗歌《青春赞》中说："青春是一首歌，一首充满朝气的歌，它奋发向上、斗志昂扬。青春是一张面庞，一张充满自信与欢乐的面庞，它笑容灿烂、美丽动人。青春是一条路，一条充满鲜花和掌声的路，它前途明亮、前程似锦。"王安石也在《少年见青春》一诗中这样赞美青春："少年见青春，万物皆妩媚。"

法国思想家、哲学家、教育家卢梭曾说："青春活力，可以说是把我们整个身心都舒展开了，同时用生活的乐趣把我们眼前的万物也美化了。"同样，法国小说家乔治·桑也这样说："少年从不会抱怨自己如花似锦的青春，美丽的年华对他们来说是珍贵的，哪怕它带着各式各样的风暴。"在俄罗斯，还有这样一句谚语：青春去时不告别，老年来时不招手。

以上无论是普通人的表达，还是名人的名言，无不在向世人，特别是青少年传递着对青春的一份深深礼赞和对人生美好时光的留恋和珍惜。

青春也充满着无数的挑战，正如俄国思想家别林斯基所说："青春在人的一生中只有一次。青年时代要比其他任何时代更能接受高尚的和美好的东西。谁能把青春保持到老年。不让自己的心灵冷却、变硬、僵化，谁就是幸福的人。"确实如此，青春是让人感觉充满着朝气、激情与梦想的时期，也是让无数父母头疼的青春“叛逆期”，所以，我们首先要明白何谓青春，更要读懂青少年在青春期的心理特点与情感需求。

1.青春期的主要阶段和心理特征

依照社会学解释，青春期是指由儿童阶段发展为成人阶段的过渡时期，是人身心发展的重要时期；一般女孩10～18岁，男孩12～20岁。社会学家把青春期分为三个阶段，即青春早期、青春中期和青春晚期。在这个过程中，青少年会经历身体上的发育和心理上的发展及转变，包括第二性征的出现和其他性发育、体格发育、认知能力的发展、人格的发展、社会性的发展等。每个青少年进入青春期的年龄和时期都因遗传、营养和运动等因素有所不同。

在《教育心理学》中，主要从生理学、心理学和年龄结构的角度大致把青春期区分为两个主要阶段：少年期和青年初期。而不同阶段青少年的特点又具有多变、创新、反叛等多元性特征，他们个性化发展的需求也是一个复杂多元的概念。

第一阶段为少年期（11、12岁至14、15岁，即初中阶段）。这个阶段的特点是：

（1）半成熟、半幼稚，充满着独立性和依赖性、自觉性和幼稚性的矛盾；

（2）抽象逻辑思维已占主导地位，但仍以形象思维作为支撑，并出现反省思维；

（3）思维的独立性和批判性有所发展，但带有片面性和主观性；

（4）心理活动的随意性显著增长，很难长时间集中精力学习，会随意调节自己的行动；

（5）产生成人感，独立意识强；

（6）开始关心自己和别人的内心世界，社会高级情感迅速发展；

（7）道德行为更加自觉，但自控力不强。

在以个性社会化、性成熟为标志的少年期阶段，他们个性化的发展需求也呈现出不同的特点。由于个性发展不平衡，他们出现明显的心理矛盾，表现出爱和恨、自信和怀疑、尊重和轻蔑的感情，同时自我认知和自我评价的能力有了发展，在其行为过程中，明显地产生了对理想的更大追求和对未来人生的一种幻想需求。

第二个阶段为青年初期（14、15岁至17、18岁，即高中阶段）。这个阶段的特点是：

（1）生理上、心理上、社会性上开始向成人接近；

（2）智力接近成熟，抽象逻辑思维已从“经验型”向“理论型”转化，开始出现辩证思维；

（3）社会高级情感有了深刻变化和发展；

（4）形成了理智的自我意识，但理想自我与现实自我、自我肯定与自我否定常常发生冲突；

（5）意志的坚强性与行动的自觉性有了较大的发展。

在这个从初级向高级智力行为发展的青年初期阶段，他们的个性化发展需求也随之在不断地提升，并呈现出较为复杂的特点。他们在这个阶段的心理发展，可以说只是表现在机能的变化上，并在巩固和完善少年时期已形成的心理特征。比如，这个阶段的高中生可以说是已奏响了体验和感受独立生活的序曲，同时也是开始考虑自身前途的关键时刻。因此，他们开始思考自我选择和自我决定的必要性。

在这个阶段，他们开始把未来生活道路的选择作为自己的头等大事，因此，升学学校和专业选择，以及今后如何择业，甚至择偶就成了高中生思想和心理活动的中心问题。这个时候，他们已在脑海中勾画出了一个属于自己的“独立立场”，并开始自主面对当下社会、生活、经济、政治以及国际环境变化渐渐地形成了自己初步的认识和观点，甚至还有一些自己充满个性化的“独到见解”，令人刮目相看。

进而，他们开始从社会需要和自我需要的角度出发，逐步确定了接下来自己的学习任务和目标以及未来努力的方向。在此，我们必须要提出的是这个时期同时是中学生，尤其是高中生处于生理和身体成熟的重要阶段，也是性成熟的完成和由此产生心理特殊变化的关键阶段。因此，对于他们在性成熟过程中的行为选择与控制，或者可能出现的相关需求以及适时而妥当的性教育，就成了包括他们在内的父母、老师和社会必须高度重视和正确面对的一个严肃的教育问题。因为，性成熟并不意味着他们的社会性成熟，而社会性成熟的主要内容、表现和管理是他们在参与“成年人”活动过程中，如何把握住社会行为规范和道德规则，而且，在这个过程中，作为肩负教育责任的我们一定不能缺位和错位。

总之，青少年在其生理和心理都在发生显著变化、变化多元和不定的青春期发育关键时期，我们如何引导和帮助他们在切实守住思想、行为、道德和心理底线的同时，获得积极而饱满的生命本质与意义的美好体验，进而赢取健康快乐成长和未来发展的无限可能，就是我们责无旁贷的教育责任和历史使命！

综上所述，青少年在进入青春期后，由于受到自身生理、心理变化和思想认知的局限以及家庭、学校、社会等一系列环境因素的影响，特别是叠加的学习负担、人际关系的紧张和生活经验的缺乏等多重压力的困扰下，就很容易因无助、焦虑、孤独等负面情绪和心理而产生青春期逆反行为。

2.青春期逆反问题的三个案例

问题案例一：莎莎，从小学二年级开始，妈妈开心地满足了她喜欢跳舞的愿望，给她报了当地很有影响力的一所专业舞蹈培训学校，每周学习两次，这一跳就是三年多，直到五年级上学期结束前才不得不停了下来，因为已经开始面临小升初的选择和压力。但是，我们常说兴趣是最好的老师，由于她对自己的这个爱好的坚持，所以她到小学毕业时一直都是学校舞蹈团的“台柱子”，在享受了艺术之美所带来的快乐之外，还陶冶了情操，提升了气质，真可谓一举多得；着实让她和父母得意、开心了很多年。莎莎也因此练就了一副好身材，让周围的人都羡慕不已，正如德国思想家歌德所说：“对自己抱有兴趣的人使我们感兴趣。”

进入高中以后的莎莎，已经长到了一米七二的身高，完全呈现出一个魔鬼般身材的模特形象，一时间成了学校里一道亮丽的风景，迎来了众人的瞩目。然而，越来越大的学习和备考压力，已让她无心去在意任何人向她投来的目光，只是每天低头在校园里快步行走。父母也开始察觉到女儿与以往的太多不同，加之从她回家偶尔还会跟父母唠叨几句学校里的事，到越来越少的说话，再到后来无话可说，甚至开始出现急躁情绪，亲子关系也变得越来越淡漠。有时，还会莫名其妙地因为一点儿鸡毛蒜皮的小事和父母发生争吵，甚至干脆重重地放下碗筷扬长而去。面对女儿如此的“突变”，父母曾经做过无数的各种猜测，母亲以为是不是女儿在学校里因为感情问题受到什么刺激了，父亲认为是不是因为上个学期末和女儿讨论高考学校和专业的选择时太过于武断了，没有顾及她的自我见解和感受而让她心情不爽了。两个人你一言我一语，你说东她说西，最终也不过是猜测或怀疑。就这样，一直都未能突破沟通交流的瓶颈，进入高三以后，尽管父母都一起或分别做过很多次努力，但是情况依然没有改变，毫无进展。

刚进入高三下学期的一天晚上，父母都回家早，饭后不久，母亲想趁着时间早和气氛还不错，推开女儿的房门带着些许商量的语气说：“莎莎，出来和你爸一起，咱们聊聊吧！”“聊什么聊，还有什么好聊的！今天我就告诉你们，我不考了！”母亲的话音刚落，伴随着疯狂地往地上摔书和笔，莎莎一通狂吼，让坐在客厅里的父亲飞奔过来，不知这短短的一分钟到底发生了什么，如此惊天动地！无疑，冰冻三尺非一日之寒，“火山”终于爆发了！

莎莎的青春期逆反或许是由于从小有“舞蹈”的相伴“起步”较晚，但是，却从“发作”开始一直就未得到缓解，发展到现在的样子，让父母陷入无比的焦灼和恐慌之中，莎莎更是前途未卜。

问题案例二：正正，小时候就以调皮捣蛋闻名于他们生活的小区和幼儿园，好在还有分寸，没有做出什么“出格”的事，所以，父母也只是觉得他淘气而已。但是，上小学后情况就不一样了。三年级和四年级就因和父母产生矛盾，一气之下先后离家出走两次，最后都是以“有惊无险”而收场。尽管如此，但还是在正正和父母的心里刻下了不同程度的痕迹，给之后的生活、学习和亲子关系埋下了“祸根”，并在时间中慢慢地发酵着……

正正，虽然生性好强，个性鲜明，但在班级和学校里却是一个“行侠仗义”之人，有着一股不小的“英雄气概”，善良，也是他的另一个形象标签，所以有着很好的人缘，让他得意自在。忽上忽下、起伏不定的学习状态也是常常弄得老师哭笑不得。在家里，只要是自己高兴或父母唠叨少，怎么都行，学习也还比较自觉，有时还会帮着父母做点家务，吐槽一下在学校里的所见所闻，甚至还要发表一点自己独特而另类的“高见”，绝不与父母展开任何讨论，一副霸气十足的样子和气质。但是，如果是父母“轮番轰炸”式地过问或催逼他的学习时，他立刻就判若两人，以牙还牙，急躁的情绪马上爆发，瞬间让父母哑口无言。尤其是父亲过度或过分干涉他玩游戏，特别是强行限制他玩游戏的时间时，他要么当场暴跳如雷，要么重重地闭门“与世隔绝”，弄得父亲火冒三丈，欲打又罢，母亲也是左右为难，不知所措。渐渐地，家庭氛围就在这样一来一去的摩擦或冲突中形成了，一直都没有缓和、改变……

升入初中二年级后，正正和父母的亲子关系紧张与不和谐的状态开始升级。原来还时不时出现的简单对话和交流基本上已不复存在，取而代之的是沉默、冷淡、回避和消极抵抗的“软暴力”方式。随着年龄的增长、身体的发育和天生的好运动，展现在父母面前的已经是一个一米七三、体格比较健壮的大小伙子了，似乎已经具备了与父亲一比高低、相互对抗的条件和实力。家里和外在环境中弥漫的浓浓中考备战气氛让正正越来越感到透不过气来，强烈的反感情绪让他又产生了干脆“离家出走”的彻底逃避心理，并且愈演愈烈。

由此，家庭生活变得越来越无趣，也无亲情可言。父母的焦虑、无奈和急躁，有时的失控和暴躁加剧了与儿子情感的隔阂；儿子我行我素和破罐子破摔，有时过激的言行又让亲子关系雪上加霜，甚至到了已“走投无路”的地步，不得其解。由于正常的相互交流机会被“中断”，正正与父母的内心世界就像是都被“洗白”了一样，变得苍白和一片荒凉，彼此的真实情感也在这样非正常的“折磨”与“扭曲”下变得乏味而毫无意义。到底是父母根本就不想、不会、没有去读懂儿子的内心和实际，还是儿子一直就没想到、不愿意、不懂得如何去理解和接受这份“可怜天下父母心”。但是无论怎样，处于青春期的正正在这个特殊和关键的成长阶段，情感、亲近、温暖、关心、理解、倾听、陪伴、尊重、信任和及时相助等一系列健康成长必备要素的不到位或根本缺失，是造成正正青春期逆反的重要或根本原因。

案例解析

苏联教育实践家和教育理论家苏霍姆林斯基曾经这样深情地说："不能把小孩子的精神世界变成单纯学习知识。如果我们力求使儿童的全部精神力量都专注到功课上去，他的生活就会变得不堪忍受。他不仅应该是一个学生，而且首先应该是一个有多方面兴趣、要求和愿望的人。"可见，在我们"本末倒置"的教育误区指引下，父母在孩子成长过程中、特别是孩子进入青春期发育成长阶段对于教育责任和真谛的忽略、轻视和缺失，必定会造成因成长困惑迟迟得不到缓解或解除而带来心理扭曲和一系列负面影响，尤其是青春期逆反持续、加剧造成的心理健康问题越来越严重。

正正的学业和前途，尤其是健康成长已经是他的父母乃至老师必须认真反思和正确、积极对待的一个严肃问题和当务之急。歌德的这句箴言或许能给正正的父母带来一些启发："最真诚的慷慨就是欣赏。"

问题案例三：腾腾，刚刚经历了中考的各种不容易和身心的双重压力，已经是筋疲力尽和一百个不爽，父母全情投入、精心策划、史无前例给他过的十六岁生日，在他的心里似乎就是一个"难日"，毫无以往的那种开心和感动，一旁的父母也只能是心照不宣地承受着这事与愿违的难言之苦。升入高中后，腾腾的整个状态越来越不好，低沉的脸上再也没有出现过笑容，因为常常不思茶饭，身体也变得消瘦和脆弱起来，初中阶段一息尚存的那一点活力也随之消失殆尽，情绪更是起伏不定，有时，动不动莫名其妙地就发一通火；有时，只要是有一点不顺心、不高兴就把自己锁在屋里，一待就是一整天。

实话实说，如今孩子们的生活和学习实在是很苦、不容易。不要说他们面前堆积如山的书本和学习资料，也不要说每天趴在书桌上那疲倦不堪的身姿，更不要说每天那三点一线的生活又是何等的枯燥单调和无滋无味，单单是那些永远也做不完的课内课外作业和没完没了的练习或模拟试卷，就足以让孩子们刻骨铭心，早就想“逃之夭夭”了。

屋漏偏逢连夜雨，不堪重负的腾腾要面对和承受来自家里家外的多重压力，这让他感到无限困惑与焦躁，一直被压抑的内心却始终找不到任何释放的时机和“出口”，越来越多的不满情绪积压，让他无可奈何地变成了父母眼前这个极其“叛逆”和让人失望的儿子。腾腾热衷于历史和政治，特别是对政治有着自己“独到”与“另类”的分析、看法，甚至是被看作非常“不合时宜”的判断，而他的这些兴趣爱好不仅没有得到与父母的交流机会和理解，反而被父母义正词严地认为是完全不务正业；与父母思想和情感交流的唯一通道就这样被堵死了。在学校里，同样是因为他的观点和态度遭到了政治老师的强烈不满，超出了课本内容和教学大纲的范围，而且严重不符合这个年龄段学生应有的正常认知和思想，老师几次在课堂上对他提出严肃的批评，在全班同学面前给了腾腾重重的“一击”，他一时间满脸通红，接着气急败坏地夺门而出，一走了之。

如此的“内忧外患”，让一个十六七岁的青少年何去何从？

从此，无奈、焦虑、无助、孤独、抑郁就成了他最真实的生活状态，所谓的“青春期叛逆”一点点、一天天地从暴躁、反抗的表达和发泄方式走向了自我封闭、与世隔绝的生存方式和岌岌可危的心理境地，亮起了身心健康和思想意识的警示红灯。“哪里有压迫哪里就有反抗。”毛主席的这句至理名言似乎在向我们的教育提示着什么，但它却也没能让腾腾从“四面楚歌”的重重包围中“突破重围”，求得解放和新生。

案例解析

随着生理和身体的迅速发育，第二性征的相继出现，越来越多处于青春期的青少年由于缺乏“成长经验”，不能及时科学和理性地认知自我，所以，常常就会表现出焦虑与不安，就会出现一些父母无法预见的问题，进而让父母措手不及。在这个特殊的时期，一方面，他们往往会因为受到父母和老师的要求和批评，就会“条件反射”地认为他们都是与自己过不去，或在有意地伤害自己，从而控制不住自己的行为，不是顶嘴反抗就是消极躲避，甚至时不时还会做出一些让人无法忍受的事情。另一方面，他们又非常渴望得到父母和老师的理解与尊重，更想获得平等的话语权，那种总是说教和铺天盖地的大道理，甚至是命令和掌控式的态度和教育方式，已经无法让他们接受。

3.解决青春期逆反问题之道

面对一个个青少年青春期叛逆的现实以及由此给青少年本身、家庭、学校和社会带来的伤害及一系列不利影响，这已是我们的教育和社会再也不能轻视和耽误的重大责任，必须统一思想和认识，尽早建立问题解决保障机制。因为，人的成长不可逆，孩子的生命也只有一次。所以，我们怎能再对青少年的身心健康问题与危害、宝贵生命面对的选择与危机掉以轻心、熟视无睹、麻木不仁？面对现实，居安思危，我们唯有责任和使命！

解决问题其实很简单，只要方法正确。造成青少年青春期叛逆的原因是复杂和多元的，并且还有先天发育和生理个性化发展的差异化影响。因此，我们只有全面了解和认知这些问题形成的背景、原因和条件，以及所有影响因素的构成与关系、每个个体的特点与特殊情况，我们才能更好、更合理和更有效地对症下药，切实缓解和解决问题。以下解决方案供参考：

第一，端正态度，正确面对，保持积极心态。尽管孩子的青春叛逆期具有复杂性和挑战性，并且是现实中父母必须面对的家庭教育的一大难点和痛点，但是要认识到这是一个正常现象，不必要过分的担心和紧张，不能把自己首先置于焦虑、甚至抑郁状态，只要认识到教育一定是有规律可循的，并施以正确的方法就能解决问题。首先通过学习，了解并认识孩子在这个特殊阶段，身体和心理的发育是不同步的客观规律，细心观察孩子大概处于叛逆的什么状态：出现厌学情绪，开始沟通困难；沉迷手机和虚拟世界之中，开始逃避现实；感到人际关系紧张，开始选择独处；长时间表现出孤独和压抑感，渐渐地出现心理异常现象，甚至出现抑郁症状；继续紧张、焦虑和恐慌，甚至出现精神问题趋势。这样才能对症下药，有计可施。

第二，抓住关键时机。特别是寻找对的时机与对的方法，就是解决问题的最好时机，把问题和麻烦消灭在萌芽状态。也就是，父母要在第一时间发现孩子的异样和问题苗头，及时参与其中，尽早干预。这是缓解和解决问题的关键，切莫以任何理由错过。

第三，多陪伴，多倾听，多交流；愿意给孩子更多的时间。让随时轻松聊天成为家庭的一种生活方式和常态。多选择孩子关注和感兴趣的事与话题聊天、沟通，而内容不能仅仅是孩子的学习和考试，尽可能地涉及生活的方方面面，最好能激起孩子对生活和学习的各种兴趣和激情，并从中发现孩子的特别爱好和注意力倾向，产生家庭的积极共鸣。

第四，做孩子的好朋友。充分尊重和理解孩子的选择和行为，不轻易指手画脚，武断干涉。这个时期的孩子自尊心强，非常要面子，在孩子做出任何决定之前，先观察、先倾听、先等待，不要提前介入和干预，给孩子留出自由的时间和空间，包括心理空间里的一些“小秘密”；尽量满足孩子一定与合理的自主权和选择权要求。让孩子在被尊重和信任中逐步养成自信、自觉和自律的意识习惯，从而建立起良好的亲子关系。亲其师，信其道，说的就是这个道理。

第五，讲究说话和交流的方式和艺术，多倾听，少唠叨。思想活跃、争强好胜、见解鲜明、个性突出、人格独立等是这个时期孩子性格和心理的主要特征，父母只有主动亲近孩子，愿意倾听，选择孩子喜欢接受的语言方式进行交流，才能慢慢地走进孩子的内心世界，洞察孩子的一切美好，成为孩子无话不说的知心人。

第六，性格决定命运，而非智力决定命运。学习对于孩子来说固然重要，但是不能用学习和分数把孩子压垮，更不要拿别人家的孩子来跟自己的孩子盲目比较，应该更多地关注孩子的全面发展和所取得的每一点、每一次进步，让孩子懂得把自己打造为最好的自己才是自我健康成长的最终目标和最快乐的人生选择，从而培养出孩子学习和生活的兴趣与自信，相信总有一天自己的孩子也会成为别人眼中羡慕的那一个“别人家的孩子”。然而，这一切的前提就是，必须确保孩子在成长过程中，尤其是学习和生活压力下的身心健康。

第七，维护孩子尊严，培养孩子自信。在孩子的生活和学习中，父母一定要选择多鼓励少批评，多信任少怀疑，多支持少拆台，多关心少指责的教育方式和情怀，特别是不要在外人面前批评或指责孩子，充分激发出孩子真正的自信和独立自主的内生动力，培育出积极而阳光的生活激情和健康而强大的心理素质，让孩子去自信而勇敢地面对人生中一切的压力和挑战。

第八，榜样的力量。父母和孩子一样，首先要成就出最好的自己，才能互为最好的榜样。如果父母是原件，孩子就是复印件，种瓜得瓜种豆得豆。我认为，从另一个角度来说，其实孩子不是被教育出来的，而是被影响出来的。那些学习和自律型的父母更有可能培养出一个好学和自觉的孩子，那些积极向上、努力奋斗的父母更有可能造就出一个活泼开朗、健康阳光的孩子；反之则会事与愿违，背道而驰，竹篮打水一场空。

第九，做孩子坚定的精神导师和心灵守护者。如罗曼·罗兰所说："先相信自己，然后别人才会相信你。"当孩子出现青春期的叛逆现象时，特别是问题加重，进入艰难时期，父母首先要控制住紧张、急躁和恐慌的情绪，避免因一时冲动而火上浇油，雪上加霜，让矛盾不断升级，使家庭环境变成情绪和问题的"重灾区"。尽一切可能让孩子的孤独受到温暖，让孩子的焦虑得到舒缓，让孩子的无奈看到希望，让孩子的不安走向踏实，让孩子的崩溃获得力量，让孩子的心灵得到滋养，让孩子的抑郁在爱的体贴、温暖、保护和滋润中得以反转和解放。进而，让孩子渐渐地走出情绪和心理的极端困境，重新激发出他们对生活、学习和一切活动的兴趣，唤起他们对生命价值与意义的重新认识和渴望。马小琴的《兴趣，学习的动力》一文提出：据心理学研究实验表明，兴趣在人的大脑皮层中形成兴奋优势中心，使脑神经处于积极、亢奋的思维状态，从而产生极强的求知和献身忘我的境界，学习者不但不会感到学习是苦差事，反而会处于一种精神陶醉和收获享乐之中。这就变"要我学"为"我要学"了。正如北宋学者张载所言："学至于乐，则自不已，故进也。"由此可见，父母的无条件接纳就是孩子最大的精神支撑，父母的真爱就是孩子最温暖的心灵港湾。

三、人际关系紧张

从社会学和心理学的角度看，人际关系是人与人之间存在的心理上的关系。人际关系主要体现在人际交往上，它是拉近人与人心灵距离上的桥梁，反映着一个人不同时段的心理需求，是一个人的生活、学习和工作可以顺利进行的保障之一，对一个人的心理健康有着十分重要的作用和意义。

1.儿童青少年人际交往的问题与挑战

对于处于青春期的青少年来说，他们的人际交往常常反映在他们的交流和活动上；随着年龄的增长和身心的变化，特别是进入青春期的青少年，他们的心理需求开始快速增加，使他们的心理日趋走向成熟，同时对人际关系有了新的和不同于以往的经验理解，并且，更加能够表达出他们内心的某种或各种需求和愿望。在这个特殊时期他们之间的这种交流，往往有助于增强他们之间的信任和友谊，同时还是培养他们沟通能力、交往能力、心理承受力和个性发展的重要机会。这对于他们从这个阶段学会建立起良好的人际关系，特别是积极的促进心理健康的人际关系有着十分重要的现实意义。

然而，青少年人际关系的好坏与质量又决定了他们未来生活、学习、情感、思想的质量和发展水平。因此，我们只有站在青少年身心发展实际的角度，在足够尊重和信任的基础上，理性面对、正确引导、适时帮助，才能让他们拥有面对和处理人际关系的方法、技巧和积极良好的心态。所谓没有调查研究就没有发言权，我们只有真正走进孩子的内心世界，努力做到“知己知彼”，才能“百战不殆”。

由于交往对象、环境、方式等变化，青少年人际关系呈现的方式与交往特点也会有所不同，它们所产生的效果和影响也是各不相同，而且，这些影响会在一定或很大程度上改变着他们对现实生活和人格人性的认知、判断、心理反应和价值观。

其一，共同的兴趣和爱好是青少年在人际交往上迈出的第一步。在青春期这个特殊时期，由于青少年自我意识的增强，以及自由与独立性的快速提升，同龄同伴人群就成了他们人际交往的重点对象，情感的重心随之转向关系密切的伙伴，他们会以共同的兴趣爱好与志向而相识，从而开始建立友好关系。从心理学的角度来看，青少年与同龄同伴的交往会让他们因此而获得一种从父母或家庭那里很难获得的平等关系，而这种全新的心理感受不仅能让他们收获到一种真实、踏实和愉悦的感觉，还能在相互认同的过程中得到自我主动性和能动性充分发挥的机会，并通过这种交往建立起来的情感和友谊，去分享属于他们之间的快乐，去体会可能产生的矛盾，去分担彼此之间的烦恼和困难，并在相互信任、尊重、理解和帮助的过程中最大限度地获得一种完全属于自己独立意识的满足感。

其二，随着年龄的增长，青少年，特别是在他们进入青春期的时候，他们的自我意识和独立性也在不断地增强，这时，他们的思想会因为不想受到外人，特别是父母和老师的束缚，更不想被别人控制，所以，也容易在人际交往和关系中出现矛盾、困惑和不安的心理活动与反应，进而去寻求一个能一吐为快、充分表达、完全释放并能被保守秘密的地方和机会。从此，开始对人际交往中关于真实、坦诚、忠心、保守秘密和遵守约定等核心问题，以及对今后择友的选择、感受、效果和意义进行重新考量和认识，也就是说开始具有了“戒备和防范”心理。这也就是他们的人际关系意识、能力和心理开始不断地走向成熟。即便是在人际交往中好伙伴之间发生的偶然或短暂的矛盾和冲突，他们已经学会了“不就是因为一时的误解和冲动”之类的快速反应和心态，很快就不计前嫌地重归于好了。这就是这个时期青少年人际关系心理的一个突出特点。

其三，青少年的人际交往活动不仅是一个结交朋友、建立友谊关系的情感和心理需求过程，它还是一个通过交往活动深度体验生活滋味、直接感知环境的影响与力量、亲身体味人情冷暖、具体检验知识与经验、现实与真实的实质所在，以及进一步对人性特点与本质进行思考和判断的重要过程。这个阶段，他们一方面对朋友圈和伙伴朋友之间的关系越来越敏感，对“圈子”与圈内伙伴朋友的性格、情趣、能力、气质，以及内在品质有了更高的要求和期待；另一方面，他们又更加渴望在彼此充分尊重和信任的基础上，能够更多地从其中找到真正的知己，并获得对自己不足与欠缺的补充、提升和完善，从而得到自尊、面子，甚至是虚荣的最大满足。这期间考验他们的就是如何在所谓的是与非、对与错、深与浅、轻与重、好与坏之间尽量做出理智、合理和正确的选择。

总之，青少年对人际交往和关系认知的深浅、能力的大小、水平的高低和效果的好坏，在很大程度上决定了他们生活与学习、人际与交往、身心与健康、思想与情感、生命与精神的品质和发展方向，同时能够为他们打下健康成长和赢取人生幸福的坚实基础。

2. 孩子的“人际关系障碍”现象与问题

案例：希希，小学五年级，中等个，戴眼镜，学习中等偏上，爱好绘画和手工，是班里的“积极分子”，也是家中的一个小活宝，更是她所收养的“枫叶”（即一只一岁半的田园猫）的唯一主人，因为如果没有她的许可，姥爷姥姥和父母都不能逗它和喂它，就更别说亲近了。

冬日的一天，放学回家的希希闷闷不乐，三口两口吃完晚饭就径直回自己房间去了，母亲随便问了一句后也就没有在意了。然而，第二天早上到了该起床的时间，希希却还在床上躺着不起来。当姥爷把早餐端上餐桌后，还没有看到外孙女的影子，才让刚洗漱完的女儿去查看个究竟。两分钟后，就从屋里传出了母亲急躁的声音，正准备用餐的父亲起身走了过去，问了一声“怎么了?”，片刻后，希希语气低沉地回了一句“我不想去上学了！”。从未出现过的“意外”让一家人顿时都蒙住了，不知到底是因为什么会这样。

母亲几次逼问无果后，还是非常严肃地唤起了女儿。大约十分钟的等待后，希希才被逼无奈地道出了缘由。原来，女儿是因为昨天在学校里受刺激了，她最好的闺蜜突然和另外一个她不太喜欢的女同学成了闺蜜，看着她们俩有说有笑的，好像有什么事在回避她，因为她认为闺蜜应该是唯一的，何况她本来就一直不喜欢那个女同学。在希希诉说完以后，一家人才恍然大悟。

这不是个案，当下，我们现实生活中出现人际关系问题的小学生已不在少数，孩子们人际关系障碍现象和问题已越来越引起家庭、学校和社会的关注与重视。如何从学生、父母、老师和社会几个方面来解决这一问题，已成为当前我们中小学教育的一个重要课题。

案例解析

据卡耐基《管理沟通》一书所记载，心理学家们研究发现：一个人一天中约有60%—80%的时间花在与亲人、朋友的交往和沟通上；并通过研究一万个成功者的家庭案例发现，一个人的“智慧、专门技术”和“经验”只占成功因素的15%，其余85%取决于良好的人际关系沟通能力。目前，小学生的人际关系出现了一系列问题，最为突出的就是小学生的人际关系障碍。大量的事实表明，小学生的人际关系状况往往会决定他们以后的成长质量和发展水平；所以我们如何引导孩子们来改善他们的人际关系，引导他们积极克服这一障碍，对他们的生活、学习、交往和心理健康都有着重大的现实意义。

小学阶段是儿童身心发育和个性发展的重要时期，也是心理发育的重要阶段。由于这个阶段他们的心理认知、人格构成、情绪管理和意志品质等方面都处于逐步发展和逐渐成熟时期，因此，心理和行为发展的不协调是他们这个阶段的一个明显特征。由此，他们就很容易出现人际交往中的一些心理困扰和问题，在人际交往中往往会表现出情绪波动且不稳定、心理不安且变化无常、自负且自卑等心理和行为反应，这种问题倾向在他们的日常生活中日益突出，在一定或很大程度上影响了他们正常的生活和学习，以及对人际交往的需求与能力。然而，虽然这个阶段的小学生容易在人际交往上出现障碍和困惑的心理“偏轨”现象，并由此情绪给他们带来一些行为的异常表现，按心理学分析，这都是他们成长过程中的一些短暂的正常现象，所以，这个时期他们的心理与行为具有很大的可塑性，只要能够给予他们及时和正确的引导和帮助，这些问题就会迎刃而解。正如美国精神病、发展心理学家艾里克森所说：“小学阶段是关于自我生长的决定性阶段”。

工欲善其事，必先利其器。我们只有认识并掌握了小学生人际交往障碍形成的背景和原因，才能找到帮助他们解决问题好的、正确的方法。他们的问题产生原因主要表现在以下几个方面：其一，过度溺爱，娇气脆弱，经不起风雨。现在的小学生大多数是独生子女，他们在家里不是“小公主”，就是“小皇帝”，父母和长辈都格外地宠爱，被照顾得无微不至，父母几乎会满足他们的一切要求，过得“顺风顺水”。因此，他们在人际交往中总会表现出自己的优越感，希望别人都能听从自己的指挥，围着自己团团转。由此，每当遇到事情的时候，自然而然地就会以个人利益为先，这种先入为主的心理就必然会引起别人的反感，从而容易跟同学产生矛盾，渐渐地被孤立起来。另外，还有的父母怕自己孩子在外面可能会受到别的孩子伤害，就以必须“自保”为由阻碍自己的孩子与外界过多或不接触，造成孩子与外界接触的机会少了，人际交往的范围也更狭窄了。因此，孩子慢慢地变成了“孤家寡人”，性格也开始变得自私孤僻、过度敏感、自负自卑和多愁善感，越来越觉得别人都瞧不起自己，一种怕被伤害的心思越来越强烈，久而久之不得不选择退缩和逃避，越来越不敢与人交往，把自己完全封闭起来。其二，过于自傲，固执己见。由于一直受到父母和长辈的过度保护，从小就形成的过强自尊心，就会让孩子不管在哪里都要以自我为中心，似乎一切都得自己说了算，唯我独尊、目中无人。所以，他们常常有两种表现：一是“被动型”，这样的孩子没有主动性、没有积极性，遇事就紧张而不知所措，见人时常常是沉默不语或语无伦次，怕出错、怕被说或批评，被动地等待别人的主动接近。二是“攻击型”，这样的孩子自以为是，孤芳自赏；不分青红皂白，动不动就刻薄相对，出口伤人，盛气自傲，毫不在意别人的感受，仿佛自己就是全世界；让自己的人际关系陷入“冰冻”状态，而更加孤独和痛苦。

解决方案

有了以上的分析和认识，我们就有章可循，有“法”可依，可以有理有据地找到问题的解决方法。

其一，态度决定一切。父母要保持冷静和平和的心态，不要大惊小怪地去指责孩子，不要急于求成，而是以爱当先，充分理解孩子的受挫心情，不骄不躁，渐渐地走进和温暖孩子的内心，让孩子先获得来自家庭最亲切的安抚与关爱，让孩子明白一个人遇到困难时，需要接受别人帮助和一定会获得力量和勇气的道理，从此，在孩子的心里种下希望的种子。进而，让孩子渐渐地从人际交往障碍的阴影与困扰中走出来。

其二，探究真相。一家人坐下来，耐心地倾听孩子的心路历程，重现“故事”的全貌和细节，让“主角”变成“观众”，让孩子在轻松温暖的家庭氛围中得到充分的释放。微笑着和孩子分享“挫折其实就是迈向成功所应缴的学费”“世上没有绝望的处境，只有对处境绝望的人”等励志名言，从中汲取启发和激励的力量。进而，你一言我一语地和孩子一起细细分析当时遭遇的来龙去脉和心理过程，引导孩子学会换一个角度看问题的思维方式，渐渐地带出如何扮演好各种人际关系中的角色的技巧与智慧，让孩子在恍然大悟中找到属于自己的准确定位，从而可以轻松自然和自信大方地去面对未来所有的交往，并从中获得真正的友谊和快乐。

其三，方法春风化雨。人际关系的复杂与多变，以及可能产生的一系列不利影响，对于我们成年人来说都是一件头疼和麻烦的事，更何况是我们的孩子。如何妥善地处理好人际关系，并从中真正受益，关键之一就在于我们以怎样的心态和方法去面对。俗话说，方法不对，努力白费；方法找对，事半功倍。凡事皆有法，找到好方法就是成功的一半。针对孩子所面临的人际关系障碍困惑和问题，需要家庭和学校的相互配合，共同发力、父母和老师的耐心引导，关心帮助。

一方面，我们可以选择正话反说，晓之以理，动之以情。运用心理学知识与技巧，给予案例中的孩子希希以积极和善意的提示："如果你的'闺蜜'和其他同学和你一样，也不允许你亲近和再结交别的同学，并成为'闺蜜'和好朋友，那么，在你的生活和学校里是不是也只能有一个唯一的'闺蜜'或好朋友，让你的朋友圈里只有一个好友，这样的话，你是不是还是一个'孤家寡人'，会失去太多和更多的机会和乐趣？所以，我们每一个人都是需要朋友的，特别是像'闺蜜'般的好朋友，而且是越多越好，这样，我们的生活和人生才能过得丰富多彩、有滋有味。"希希听罢，一定会有积极的思考和反应，进而开始改变自己过去的狭隘的想法和心理，走出困惑，摆脱痛苦，向光而行。

另一方面，我们可以现身说法，循循善诱，积极鼓励。一个好故事、一个好榜样往往会将孩子引入无限美好的想象之中，从而获得自信和力量。父母可以通过自身在人际关系和交往中的切身体会和经验，比如经过心态的调整和方法的改变重新获得理解、信任、帮助、支持和成功的美好心理感受和工作业绩收获的例子，传递出好的人际关系会给人带来更多的机会、意义、价值和快乐的积极信息，让希希也对自己的人际关系充满信心和向往。父母还可以通过和老师的积极沟通与交流，介绍自己在家中所做的一切努力和孩子的实际情况与转变的趋势，请老师在学校里同步给予孩子积极的关心、引导、帮助和鼓励，内外合力，坚定希希开始调整和改变的自信与愿望，让孩子重新真实地体验到改变的魅力和力量，进而走进良好、健康和快乐的人际关系之中。

最后温馨提醒各位父母要注意引导，循序渐进，学会静待花开。父母一定要克服总是在孩子面前只讲干巴巴的大道理，而不讲方法和技巧，没有智慧和启发的机械与教条的教育思维习惯，甚至偏激和错误的教育理念与手段。面对这个年龄段孩子心智发展的特点和兴趣取向，无妨先给孩子讲一个生动的小故事：

从前，有一个叫孔融的小朋友，在他7岁的时候，有一天，他父亲的朋友带了一盘梨子，给孔融兄弟们吃，父亲叫孔融分梨。孔融挑了个最小的梨子，其余按照长幼顺序分给兄弟。孔融说："我年纪小，应该吃小的梨，大的梨该给哥哥们。"父亲听后十分惊喜，又问："那弟弟也比你小啊?"孔融说："因为弟弟比我小，所以我也应该让着他。"

故事讲完了，孩子听了很受启发和教育，此时，如果父母能与孩子进行一个积极的互动，并认真倾听孩子的真实感受，尤其是能带着感悟和思考，悟出其中潜藏的寓意和深刻道理，相信孩子的心结也就瞬间地被打开了，对自己之前遭受的所谓不满和愤恨，以及自己自私和狭隘的思想与心理也会有了新的认识，甚至还会产生出一种讨厌自己和责怪自己"为什么这么糊涂"的感受。到此，希希和父母也就共同获得了人生因果道理启迪，比如，你想成功，总是可以找到一个好的方法；想放弃，总是可以找到一百个理由；想成功的人，是保持目标，不断地在改变方法；而不成功的人，是保持方法，不断地在改变目标。从而一同陪伴孩子健康快乐成长，迈向人生的幸福和希望。

四、情感建设与情绪管理问题

从个体心理学的发展上看，人的情绪出现较早，而情感则出现较迟。情绪依赖于情感，情绪的各种不同的变化都要受到已经形成情感的制约。情绪是情感的外在表现。同时，情感也依赖于情绪，情感总是在具体的情绪中得以表现，离开了情绪，情感不能孤立存在，情感是情绪的本质内容。

情绪是和我们每个人都分不开的。情绪的发展和变化是我们因人因时因地因事而产生的。情绪既会制约人，也能成就人，又会损害人，不同的情绪有着不同的生活。所以，我们要管理好自己的情绪，拥有我们自己需要的情绪，使情绪获得应有的表达和展示。要想做到这一点，我们必须对情绪作出真正地了解，知道它的种类和对人的利害。我们不仅需要积极的情绪，还需要消极的情绪；不仅需要克制，还需要发泄；不仅需要防御，还需要利用。知道情绪是我们为人处事乃至成败的重要因素，我们只有挖掘积极情绪和善待消极情绪，才能更好地把握和管理好自己，做情绪的主人。

情绪是身体对行为成功的可能性乃至必然性，在生理反应上的评价和体验，包括喜、怒、忧、思、悲、恐、惊七种基本情绪。人的行为在身体动作上表现得越强就说明其情绪越强，如喜会表现出手舞足蹈、怒会表现出咬牙切齿、忧会表现出茶饭不思、悲会表现出痛心疾首等，这些都是情绪在身体动作上的反应。世上最让人捉摸不透的就是情绪。

你在走向成功的路上，你所遇见的最大的敌人其实并不是缺少机会，或是资历浅薄，而是情绪，可以说成功的最大敌人是缺乏对自己情绪的控制。负性情绪会对人的身心健康带来不同程度或极大的负面影响。比如，当你感到愤怒不能控制时，周围的人都会对你望而却步；当你消沉时，放纵自己的情绪，把许多稍纵即逝的机会白白浪费。犹如作家胡夫兰德所说："一切对人不利的影响中，最能使人短命夭亡的就是不好的情绪和恶劣的心情。"

1.关注儿童青少年的负性情绪诱因

青少年的青春期是他们人生当中的一个重要转折点，并且也是在整个人生中重要的时期。这个阶段的青少年，随着年龄的增长，身体的发育，心理的发展及自我意识的增强，无论是心智还是生理都逐渐地走向成熟化；同时，其情感又在不同的家庭氛围、社会环境和学校教育方式等多种因素的影响之下，渐渐地形成了复杂多样并充满独特色彩的情感特征。如遇到喜欢的人或高兴的事，他们就会表现出兴高采烈，手舞足蹈的积极情绪；反之，他们就会表现出愤怒、伤心、失落、恐惧和逆反等消极情绪，从一个极端走向另一个极端，这就是这个时期青少年会普遍产生负性心理障碍的重要原因。

当下，青少年的情感脆弱与匮乏、情绪焦躁与不定已经成为影响他们健康成长和学业发展的一个不可轻视并亟待解决的重要问题。据2020年《中国国民心理健康发展报告》提出：青少年精神障碍特别是抑郁检出率为24.6%，其中轻度抑郁为17.2%，重度抑郁为7.4%。青少年轻度抑郁人群比率呈上升趋势。长期以来，在我们的家庭、学校和社会教育中，我们过度关注了儿童青少年的知识学习与应试教育，轻视、忽略了他们对情感变化与发展的实际需求。《青少年社会教育学》中说：现代心理学、人际神经生物学和脑科学等现代科学研究表明，生命的早期情绪、情感的发展，对青少年身心的持续发展具有极其重要的现实和科学意义。因此，我们需要呵护、关爱和重视儿童青少年生命早期的基础性情感，为他们身心的全面发展创造良好和有利的情感环境与情感氛围。同时，还要提升我们所有教育参与者的自我学习能力和“情感素养”，正人先正己；积极、真诚地和他们建立良好与和谐的情感关系，加强对他们的情感人文关怀，并及时、主动地引导和帮助他们建立起情绪管理意识，学会自我情绪的管控与合理利用的能力，使他们的积极情绪在丰富的情感中得到健康的滋润和培养。

2.儿童青少年的负性情绪和心理问题案例

问题案例一：小强，17岁，上高中二年级，班里极具个性的一个男生。从小家庭条件比较好，所以一直在自信和优越中长大。性格外向，心直口快，常常管不住自己的嘴。在家里也是这样，高兴时可以有说有笑，有时还会和家人开个玩笑；不高兴时，就不分青红皂白地跟父母发脾气，甚至大喊大叫，口无遮拦，随心所欲，根本不管会不会得罪人。有时，早上到时间了也不起床，父母只要一催他就表现得很烦躁，赖在床上就是不起，如果再催，就以“我不上课了”相威胁，弄得父母左右不是，奈何不得。在学校里，也是常常表现出动不动就发脾气的情绪；只要稍有不顺心的事，比如他的意见没有得到班委的认可，他就控制不住自己的情绪，找个理由就出气；如果上课受到一般性的批评，就跟老师怄气。或许是因为进入高二后学业压力的加大和青春期反应，小强的情绪开始变化无常，时好时坏。高兴时，就忘乎所以，得意忘形；焦躁沮丧时，心中就没有了一切，什么事情都不想做了，情绪悲观，难以控制。总之，不管在哪里或什么时候，动不动就急躁、生气和发脾气成了小强的“青春标志”。

问题案例二：倩倩，一个白白净净且略带羞涩的小女生，刚刚以理想的成绩考上了区重点初中。从小到大，学习上基本没有让父母费太多的心思，她的成绩一直都比较稳定。父母经过反复考虑，为了让倩倩有一个更好的学习环境和机会，通过努力又让她进了重点班，一切都在理想实现中。然而，他们又何曾会想到，初一整个学期，倩倩的成绩还保持在班里的中上等水平，可是进入初二下学期之后，她的几科成绩开始明显下降，班里的排名越来越靠后。

从此，倩倩的情绪开始出现不好的变化，并出现厌食、失眠和厌学的不良现象，父母感到很吃惊。由于经常的失眠困扰和不规律、不正常的饮食，导致倩倩体力不支、记忆里减退，上课常常分心，以前的那股学习劲头也是随之消散，因此，成绩垮塌了下来，排名也落后了不少。

当父母开始特别地注意倩倩出现的各种异常情况时，发现她甚至会出现自伤行为，母亲心痛不已，父亲一脸的紧张和恐惧。倩倩在学习上这种强烈的反差，父母无论如何都是无法接受的。接下来，父母无论做出怎样的努力，还是没有取得任何实际性效果，反而倩倩的情绪变得越来越焦躁。有一次还因为父亲多说了几句，母亲又追加了两句，倩倩还把手里的水杯给摔碎在地上，一旁的父母成了她的“出气筒”。在之后的日子里，倩倩无端发泄的情绪更是愈演愈烈，家庭气氛被弄得乌烟瘴气，一团糟。其实，倩倩的情绪已经从不安、焦虑、急躁、发火和难以控制发展到了抑郁、甚至较重抑郁的程度了，也就是较为严重的负性情绪和心理问题。父母百思不得其解，心想：难道是重点班的不适应、竞争压力大、人际关系困惑、青春期不适反应、情感问题、想象不到的情况？这些心理分析和猜测在父母的脑海中回荡。

案例解析

这样的真实案例在我们的现实生活和青少年群体中比比皆是，可谓不胜枚举，可以说这种情况每一天都在一个个家庭中发生着，不安、困惑、焦虑和痛苦每时每刻都在困扰和折磨着很多孩子与父母，虽然每一个孩子在表现或反应的形式、程度、强度和时间上存在着个体差异，但是一个共同的特点和性质是不变的，那就是都属于由抑郁情绪或抑郁症引起的心理健康问题。所以，我们必须高度重视，积极面对，及时相助，想方设法引导和帮助他们早日摆脱病痛的困扰，走向正常、阳光和希望。

3.应对儿童青少年负性情绪的积极方法

在我们“对症下药”和“治病救人”之前，无妨先来看一个具有教育意义的小故事《钉子与洞的故事》，或许从中我们就能获得有益的启发和积极的方法。

从前，有个脾气很坏的小男孩，总是惹得众人讨厌，他调皮捣蛋，出口伤人，出手闯祸，不以为然，屡教不改。一天，这个小男孩的父亲突然想出了一招，以求能彻底唤醒儿子。他给了儿子一大包钉子，要求他每发一次脾气都必须用铁锤在他们家后院的栅栏上钉一颗钉子。第一天，小男孩一共在栅栏上钉了37颗钉子。过了几个星期，由于学会了控制自己的愤怒，小男孩每天在栅栏上钉钉子的数目逐渐减少了。他发现控制自己的脾气比往栅栏上钉钉子容易多了……从此，小男孩变得不爱发脾气了。

小男孩把自己的转变告诉了父亲。随后，他父亲建议说：“如果你能坚持一整天不发脾气，就从栅栏上拔下一颗钉子。”之后，经过一段时间，小男孩终于把栅栏上所有的钉子都拔掉了。

父亲拉着小男孩的手来到栅栏边，对他说：“儿子，你做得很好。但是，你看一看那些钉子在栅栏上留下的那么多小孔，栅栏再也不会是原来的样子了。现在，你就好好地想一想，当你向别人发过脾气之后，你的言语就像这些一个个钉孔一样，会在别人的心中留下疤痕。你这样做就好比用刀子一次次刺向别人的身体，然后再拔出来，等到那个时候，无论你说多少次对不起，那一个个伤口都会永远存在。其实，不良的情绪和行为对别人造成的伤害与伤害别人的肉体是没有什么两样的。”父亲的这一番话刚说完，小男孩顿时醒悟了。

我们可以从以下几个方面去帮助孩子解决情感建设与情绪管理问题：

一、采取“迂回战术”。根据儿童青少年自身的年龄和心理特点，父母不要直接去触碰孩子的痛点，引起冲突，激化矛盾。用讲故事的方式，父母和孩子一起成为“听众”，一同进入故事的情境之中，在润物细无声中实现温暖的心灵互动。每个人都会有情绪，都难免会因种种原因而冲动。不良或愤怒的情绪就是一个心理误区，一种心理病态。看似无意或控制不住的极端情绪总会伤害别人。生动的小故事告诉我们，肉体上的伤疤可以痊愈，但心灵上的创伤会留下抹不去的伤痕，久久留存，难以消失。因此，要改掉这些坏毛病，努力使自己成为一个愿意接受别人和容易被别人接受、性格随和、被别人喜欢的人。

二、重塑家庭“情绪风向标”。《黄帝内经》有云：“百病生于气也。”一方面，孩子要主动想象并意识到消极和不良的情绪走向与继续失控，可能给自己和父母造成的不利影响和更大伤害；一方面，父母更要率先控制和管理好自己的情绪，特别是在孩子已经出现明显的不良情绪“发作”时，要有尽快化“暴风骤雨”为“风调雨顺”的坚定信心，给孩子展现出一个“正人先正己”的积极榜样，把一时紧张起来的家庭氛围带向轻松和阳光，你感到烦恼、悲伤时，就走到美丽的地方去。所以，只有父母情绪的“心房”首先足够的坚固了，然后才可以进行美好情绪的

“精装修”，也才能让孩子快乐地走进这个温馨的心灵港湾。

三、学会运用自我暗示的“自我安慰法”。孩子和父母都应该认识到，有情绪是一个人正常的生理和心理现象，是面对来自生活中的各种影响和压力必然产生的合理反应，可以把它当作是人生中心情的“调节剂”或“润滑剂”，它具有积极的促进作用，而非仅仅是消极的影响。一方面，孩子自身需要培养自己情绪的管控意识，懂得“不管和谁生气，首先受伤的是自己，其次破坏的就是和父母的感情”这一现实道理，进而学会自我情绪的控制和管理。另一方面，父母要学会巧施“欲擒故纵”法。美国教育心理学家布鲁姆提出：“教育目的中应包括情感目的。”所以，父母在第一时间就要充分理解孩子的任何情绪，允许孩子有情绪，并真诚地向孩子表达说：“宝贝儿，爸爸妈妈知道，你肯定是因为难受才这样的，我们理解你，更心疼你；你难受就说出来、喊出来，一定不要憋着，这样也许你会好受一些，不然，爸爸妈妈也会很难受！”从而让孩子在听完父母这番充满体贴和温暖的话语中真切地感受到，父母不仅丝毫没有和自己计较，反而还在“放纵”自己，完全一颗宽容之心在对待自己，一股暖流瞬间流入心田。在这样相互的理解和友好的互动中感情升华了，最终情感战胜了情绪。就像歌德在《少年威特之烦恼》中用典型故事向人们传递出的人生道理：在生活中，我们无论什么烦恼，什么挫折，不能像维特那样选择逃避；人生的道路不可能是平坦的，也不会是一路鸟语花香；我们不能说，途中有障碍就无法继续走下去，或者干脆选择放弃。在现实生活中，我们无法避免挫折，只能正视和面对。重要的是我们只要在挫折中勇敢地坚持，永不放弃，最终就能战胜挫折，一路前行。只有这样的自己，才是最好的自己。同时，孩子和父母在不断地交融中也就明白了人与人之间关系的距离不是用尺子来丈量的，而是用感情来衡量的关系逻辑。好比有的人近在咫尺，却又是远在天边。我们和自己真正在乎的人保持亲近不是因为方便，而恰恰是因为他们值得我们额外的付出。

四、培养健康生活方式，创建温馨亲子空间。你要想获得好的身体和好的心情，健康是基础，感情是保障，智慧是技巧。你要想拥有快乐幸福的一生，情绪往往是其中关键的一个重要环节。就像拿破仑所言："能控制好自己情绪的人，比能拿下一座城池的将军更伟大。"如何做到这一点呢？下面有三个小办法可以帮助大家。

1.积极培养亲子运动的习惯。一家人都坚持运动的，身心常常都处于放松状态，既增强了情感建设，又不易产生情绪问题。反之，身心失衡的人，容易经常生气，身体就会因此产生很多不适或问题，进而造成身体素质和机能下降，不好的情绪也就莫名其妙地"上身"了。

2.充分利用亲子相处的一切时间和机会，通过外出参观、旅游、交往等活动和家中家务、游戏、娱乐等互动积极交流，增进感情，不断地在轻松、自由和快乐的体验和心境中达成"生气是正常的，但使人痛苦是不对的"这一共识，夯实亲子关系的情感基础。

3.主要针对儿童青少年情绪的易冲动、易爆发性和不稳定等特点，用智慧给情绪留出"缓冲期"，给情绪设置"出气口"，在平时，特别是孩子出现焦躁情绪，甚至明显抓狂时，孩子和父母都以同理心来友好相待，不骄不躁，共同面对，互信互爱，共同解决问题。孩子在父母的宽容下尽情释放，父母用幽默的语言让孩子喊出来、哭出来，直至最后变成笑出来；让情感不再“隐藏”，让情绪不再“爆发”，使孩子和父母之间一次次“兵戎相见”的紧张关系在彼此的包容和智慧中转变为形影相随的和谐局面。你要相信，乐观情绪的开始，就是接近成功的时候！

五、网络、手机成瘾问题

随着社会的进步、科技的发展，人们的生活发生了翻天覆地的变化。手机的发明，特别是智能手机的出现，无疑让人们的生活更加便捷且丰富多彩，人们也越来越离不开手机，它逐渐成为人们生活的一个重要部分，甚至改变了人们的生活方式，也给21世纪打上了“信息化”的时代标签，对人们的生活，尤其是儿童青少年的学习和身心造成了巨大的影响。

然而，任何事物都具有两面性，网络与手机在给人们带来满足，特别是生活、娱乐便利的同时，也给人们，尤其是儿童青少年带来了难以估量的巨大隐患；关于手机对人们影响的利与弊，已成为现在全社会热议的一个中心话题。当今，儿童青少年使用手机的现象越来越普遍，随着网络上各种软件、游戏和形形色色小视频的出现，越来越多的儿童青少年开始沉迷于手机和网络，在成年人成了“手机控”的同时，儿童青少年也因手机成瘾而患上了“手机依赖症”，自制力和控制力较弱的儿童青少年就成了手机、网络影响的主要对象。

其中，一个副作用就是因为手机频繁或长时间的使用，让儿童青少年渐渐地患上近视，成了一个个“小眼镜”。据中华眼科网统计，近视人口占全国人数的35%，而其中在校的小学生佩戴眼镜的比例为30%，中学生占50%。另据2020年4月21日发布的《新时代的中国青年》白皮书中数据显示，2020年底，中国6岁至18岁未成年人网民已达1.8亿，未成年人互联网普及率高达94.9%。这是一个多么可怕和令人担忧的数字！然而，更加值得我们注意和重视的是，手机正潜移默化地从生活、学习等各个方面危害着儿童青少年的身心健康，一个个因手机、网络成瘾造成视力下降、记忆力减退、思维能力减弱、睡眠少质量差、身体机能减退、性格变得孤僻、情感意识淡漠、脾气容易急躁、言行走向极端、思想越来越空虚的儿童青少年比比皆是。由此带来的亲子关系和家庭氛围紧张、家里家外各种矛盾冲突，以及自我心理冲突和心理越来越扭曲的现象越来越凸显，甚至有些儿童青少年干脆把自己定义为“废物”一个。

1. 儿童青少年手机和网络成瘾的原因和影响因素

显而易见，目前儿童青少年手机、网络成瘾的严重事实和问题已是全社会共同面临的一个亟待解决和刻不容缓的事情。要想尽早和更好地解决这一难题，让儿童青少年走出困境、摆脱无谓的伤害，走向健康阳光的未来，我们首先就要对形成这一问题的背景和原因有一个清醒的认识、分析和判断，这才是我们尽职尽责、解决问题的基础和态度。

造成儿童青少年手机、网络成瘾的原因和影响因素是多方面和复杂的，但是，环境影响、学习与精神压力、亲子关系与家庭矛盾和心理素质与抗压能力等因素和问题是主要原因。

其一是社会环境的无形影响。从社会学和心理学的角度来看，当今，手机与网络已普遍，甚至完全覆盖了我们的生活，并被广泛和深度地运用，同时也成了一种被严重依赖的生活方式，可以说是基本人皆有之，“全民皆兵”。几乎人人拥有手机，并通过手机从网络中获得各种无限的需求和满足已成为世人皆知、有目共睹的强大事实和现象，而正在快速成长中的儿童青少年由于受到心智发展和时代一切进步因素的影响，不仅没有“掉队”，反而成了这个多变时代的“先锋队”“排头兵”，瞬间不学自通，将手机与网络熟练把玩于股掌之中，乐此不疲。

其二是学习与精神压力越来越大。随着儿童青少年的年龄增长和年级的升高，特别是进入青春期以后，来自父母、老师和自身对于学习的压力越来越大，精神上也越来越紧张，同时又一时找不到或获得及时、有效缓解压力的办法和机会，这个时候，为了逃避现实中的各种困扰和焦虑，他们就本能选择了手机和网络，从中寻求即时解脱和虚拟安慰，尤其是对微信的熟练与高超运用，让他们迅速地发现了可以通过“潜水”“隐身”和“以假乱真”的方式可以完全将自己置于无限想象的虚拟世界之中，或尽情地“胡言乱语”，或肆无忌惮地“恶意发泄”，或甚至言行出格，涉及违法犯罪；从而“理所当然”地沉迷其中，以此来回避并抵御因学习、竞争所带来的一切压力，并过足了一种虚拟世界的网瘾。

其三是亲子关系与家庭矛盾。由于接近或处于青春期的青少年普遍具有自尊心强、自主意识突出、个性表现明显、容易敏感而情绪多变的特点，以及进入或处于青春期叛逆时期，加之父母、家长和老师可能对他们的不亲近、不理解、不宽容，甚至有时的不尊重，而不能够包容他们的所谓叛逆和青春期特有的言行举止问题，同时，又缺乏及时而有效的沟通交流，就极容易和父母、家长或老师发生矛盾和冲突，让他们越来越感觉到现实生活中的太多无趣与无奈，就更何谈快乐和自由。据中国青少年研究中心发布的《中小学生及其家长网络游戏认知与态度研究》报告（2019年2月26日发表于央广网）显示，孩子沉迷网络游戏的行为与亲子关系密切相关，即亲子关系越差，孩子越容易沉迷网络游戏。因此，这个时期的青少年反而可以利用手机和网络在虚拟世界中找到现实中无法获得的快乐、自由和潇洒，从而沉迷于“网络海洋”之中，尽情地游戏、无拘无束地放飞自我、自以为是地放纵着自己的一切所思所想，从中获取一种所谓的刺激感和成就感，以弥补现实中的不足或损失，以及面子，以麻痹自己的精神来代替现实的所有压力。

其四是心理素质与抗压能力的局限。处于青春期的青少年之所以容易沉迷于网络和游戏之中，其中一个主要原因就是和他们生命周期的阶段特征和心理特征有密切关系。根据美国精神病学家、发展心理学家和精神分析学家埃里克森在他的“八阶段理论”中指出，青少年在12～20岁所面临的主要矛盾是自我同一性与角色混乱之间的矛盾，这个时期的青少年接触游戏之后容易在网络世界中形成虚拟世界的人格；而回到现实生活中容易产生角色认同感降低的状况，正是这种虚拟网络和现实社会的差距导致青少年易沉迷网络游戏。

正是因为现实与网络的不同和真实与虚拟的矛盾，这个时期的青少年既厌恶现实中不能获得的一切满足的过于“虚幻”，又幻想着网络虚拟世界中能够得到一切满足的那一种“真实”，他们就在这样的“真与假”和“虚与实”之间迷失了人生的方向，价值观也随之偏离正常轨道，心理开始产生极大的扭曲；而这时又由于认知、理解、生理变化等成长的局限，不堪一击地滑入了心理健康的反向境地；而此时他们亟须的情绪发泄和精神补偿又不得不尽快地去依赖虚拟网络得到满足，因此而患上了手机、网络“成瘾症”，并渐渐地形成了心理疾病。

2.儿童青少年手机和网络成瘾问题的案例

近年来，越来越多的儿童青少年因为手机成瘾和网络依赖出现焦虑、抑郁等心理健康问题和疾病，轻者厌学、逃学，对学习失去兴趣，经常与父母争吵，有时还会以离家出走相威胁，亲子关系出现裂痕；重者逆反明显，常常表现出焦躁不安和郁郁寡欢，对父母的关心或要求都嗤之以鼻；稍有不顺心就和父母大喊大叫，甚至动粗动手，弄得家中“鸡飞狗跳”，一家人都不得安宁，亲子关系降到冰点，什么学习、考试和升学问题全然抛之脑后，心中充满了无限的不满与怨恨，整个身心都处于严重抑郁状态，排斥一切善意和帮助，与世隔绝；极端者的言行常常超出正常和想象能够接受的范围，只要冲动起来就没有任何分寸，完全不顾后果，情绪一旦失控就以生命作为代价，造成无法挽回的惨剧。“我不能忍受没有手机”已经成为越来越多青少年的呼喊和心声，使用手机的时间越来越长、爱不释手已经成为他们的一个“通病”，手机成瘾给他们带来的消极影响越来越突出，造成的伤害和痛苦也越来越深重，甚至威胁到他们年轻的生命。

因此，面对儿童青少年网络、手机成瘾问题的严峻形势和可能对家庭、社会，乃至国家的未来与发展造成的不可挽回影响和损失，我们必须立即行动起来，救急如救火，还儿童青少年健康成长环境一片晴朗的天空！

以下几个案例值得我们思考：

问题案例一：婷婷，11岁，五年级，区属重点小学学生，一个朋友家漂亮可爱的小女孩。五年级前，学习成绩一直排在全班前十名，绘画水平高，从而被老师和同学齐声称为班里的“小画家”，她的绘画作品曾多次在学校和区里展出，有两幅还被学校图书馆收藏，婷婷和父母还为此高兴了好一阵子。

可是，婷婷升入五年级后“风云突变”，每天早上起床都要被父母呼唤好几遍，就是起来了也是无精打采的样子，早餐也是常常随便对付几口就匆匆出门，时不常还要被在楼下“恭候”的爸爸批评几句。有一天，妈妈终于第一次“受邀”去了学校一趟，班主任老师客气中带着遗憾问道：“婷婷妈妈，咱家女儿在家出什么问题了吗？刚一开学我就发现她有些不对劲，上课时老是一脸的困意，有时还呵欠连天的，关键是成绩已经开始明显的下滑，真是让我着急和不解！”妈妈瞬间明白了，原来女儿不光是在家里这样。她突然想起来一件事，一天晚上起夜时习惯性地先去女儿房间查看一下是否蹬被子，可是只见台灯开着却不见人，伸手一摸，女儿的被子一点温度都没有，便条件反射地马上走向卫生间，打开门一看，女儿正坐在马桶上专心致志地玩弄着手机，甚至都没有马上发觉门被打开了。眼前的这一幕让好似还在睡梦中的妈妈惊奇中带着怨气，因为那时已经是半夜一点多钟了，关键婷婷是从未有过这样的情况，顿时心中有了一个精准的猜测：这就是导致女儿出问题的“元凶”！

一个周六的上午，爸爸妈妈相约和女儿谈话，才听到女儿真实的心声：“上五年级后，同学们交流和谈论的话题突然多了起来，除了学习外什么都有，不是你家猫咪的趣事、他家狗狗是多么的可爱，就是热议在手机和网上看到的一切感兴趣的内容，没完没了，乐此不疲。回家后，我也带着好奇和兴趣用手机开始查看和体验，结果就‘钻’了进去，越看越吸引我，想放也放不下了，就是这样的。”

听到这，爸爸妈妈不约而同地对视了一下，已是心照不宣了。爸爸妈妈一个是事业单位的小领导，一个是国企的中层干部，且都有着研究生的学历，他们打死也没想到这样的事情怎么会发生在自己的身上，好端端的女儿又怎么会“栽”在一部手机上而将毁了一生的前程。但是，静下心一想，好像也能从各自的身上找到一些端倪：爸爸在妈妈的强势下自然而然地、心甘情愿地退居“二线”，忽略了女儿生活和成长的细节，以及应有的关注和交流；而妈妈主导作用加方法的简单，基本只关注女儿的学习成绩，忽略了女儿身心的变化，“错位”了女儿生活、学习和成长的轻重、主次环节，如倾听、陪伴、互动和交流。所以说，凡事皆事出有因。

好在婷婷有一个较好的家庭成长环境和学习基础，“手机成瘾”除了导致学习成绩的大幅度下滑外，尚且还没有导致如抑郁等明显或严重的心理障碍，加上还有班主任老师的关心，所以，只要家校合力，方法得当，如再有婷婷自己的觉悟和信心，相信在接下来的时间里就会渐渐地回到过去的正常状态，早日迎来春暖花开。

显然，关于婷婷问题的解决方案已经在上面包含其中了，自然也就不再赘述。

问题案例二：达勇，23岁，一米八的帅小伙，一个标准的“啃老族”，下面还有一个比他整整小一轮的妹妹，本来可以在父母的奋斗下过着幸福的一家四口生活，但是，他的沉迷手机、严重叛逆、坐享其成、自以为是、得意忘形和仇视父母的现状，彻底地打破了这个家的生活平静，就如俗话所说的“一颗老鼠屎坏了一锅汤”一样，让一家人陷入了不堪面对和承受，甚至是水深火热的痛苦和绝望之中，他也就成了这个家和家族中的一个无可救药的“不肖子孙”。

追根溯源，故事还得从头说起。达勇的父母都出生在农村，由于家中几代人都没能走出贫困，老一辈希望从他父母这一辈能出人头地，光宗耀祖。带着这样的祖愿和不甘世代贫困的决心，经过各自的艰苦勤奋努力，母亲如愿以偿地考上了一所外省的重点大学，父亲虽然只考上了本省的大专院校，但是已经成为整个家族里的第一个大学生，在农村里就可以被认为是光宗耀祖了。后来，母亲毕业后被分到了本省的一家国企做财务工作，事业一直顺风顺水；父亲毕业后没有参加学校分配，毅然决然地选择了自主创业，开了一家小型的工程公司，从简单的家装工程一直干到已有一定规模的园林绿化工程公司，可谓是发愤图强，一路前行；或许就是为了早日摆脱贫困，走出山村，出人头地。为了能像自己一样地传宗接代，父亲就按“达”字辈，给儿子取了这个“勇”的名字，希望儿子长大了也能勇往直前、勇担责任。

或许就是因为父母都在努力奋斗，所以很少有时间陪伴达勇，只是爷爷奶奶在照顾他的生活，无力监督和帮助他的学习。作为家中的独生子孙，达勇从小就集万千宠爱于一身，父亲基本上就是用钱或物质来解决问题，母亲多半也是夫唱妇随。就这样慢慢地，达勇养成了“饭来张口，衣来伸手”的优越习惯，只要自己的愿望或要求没有得到满足，就要哭天喊地一番，以引起全家人的注意。

上小学后，达勇我行我素、目中无人和咄咄逼人的个性表现得越来越突出，学习也是随随便便，应付了事，父母非常溺爱孩子，认为儿子还小以后有的是机会，所以也就顺其自然，熟视无睹，听之任之。因此，达勇勉勉强强地完成了小学学业，升入了初中。尽管从此开始，父母已经关注和重视达勇的学习，但也仅仅是限于表面的频繁过问和对爷爷奶奶的不断叮嘱上，依然没有任何积极和有效的措施，继续以物质关怀为主。为了能够随时提醒和监督儿子的学习，并确保儿子的心情快乐，父亲就给儿子配发了一部智能手机，以充当父母最亲近的“陪伴”。可是没想到的是，就是这一部小小的智能手机彻底改变了达勇本来还基本上过得去的正常生活，手机真的如父亲所愿地从此成了儿子最亲密的伙伴。爷爷奶奶看似不需要随时跟在孙子的后面，担心孙子东跑西跑而出问题，然而真正的问题“种子”已经在孙子的生活中悄悄地埋下了。接下来的直接后果就是，厌学、逃学、脾气越来越大、饭也不好好吃、作息毫无规律，甚至开始说脏话、出口伤人，爷爷奶奶的告状换来的就是母亲难忍的唠叨、指责和父亲的火冒三丈，甚至不得不第一次无奈地动手相对。可是冰冻三尺非一日之寒，事态发展到这一步虽然父母意识到问题的严重性并开始后悔了，但似乎已经晚矣！

事已至此，无论父母做出了多少努力，但还是未能挽回这个令他们无法面对和接受的糟糕局面。最后，只能别无选择地把达勇送进了一所职业技术学校，希望他能够拥有中专学历，以求暂时的安慰。但是手机依然随时伴其左右，几乎占据了他绝大部分时间和精力，其影响就可想而知了。然而，更让父母没想到的是，一个学年还没结束，达勇就彻底辍学了，就是打也再打不回去了，好像已经是身高一米七五的身板足以抵抗来自父亲的所有威严。整天就是抱着手机不放，完全沉迷于虚拟网络之中不能自拔，甚至经常外出，要么很晚才回，要么彻夜不归，弄得家里一片乌烟瘴气，亲子关系变成天寒地冻、反目成仇。已经是彻底绝望的父母或许是为了弥补如此的遗憾，让他们还有机会能看到这个家未来的一线希望，因此做出了一个果断而大胆的决定，再要一个孩子！这样，达勇就有了一个比自己小十四岁的妹妹。时间一晃就是六年多，父母几乎所有的情感和注意力都投向了这个漂亮可爱的小女儿身上，甚至已完全忽视了这个已是二十多岁儿子的存在。

但是，当一件事走到反面时，自然就无道理和逻辑可言了。曾经在家中发生的一件事，给这个看似已经基本平静的家却埋下了一颗不知何时就会爆炸的“定时炸弹”，再次给这个家蒙上了一层浓浓的恐怖阴影。

一个周末的下午，因为父亲没有答应儿子想要一笔十万块钱的要求，并争论了几句后，矛盾瞬间激化，达勇采取了极端行为，给妹妹带来了心灵伤害。悲剧虽然避免了，但是让父母万万没有想到的、更加可怕的事情却发生了，达勇的糟糕状态和时有发生的极端行为却带来了一个更加糟糕的后遗症，一天，妹妹突然跟妈妈说："我不想去上学了，我让您一直陪着我，千万不要离开我！"从此，父母的精神防线就这样彻底地坍塌了！

案例解析

这里，我们已经不必再来描述或深挖手机、网络成瘾对儿童青少年所造成的影响和伤害的种种情形，这个活生生的案例已经给了我们一个最现实和最有力的回答。在今天的现实生活中，儿童青少年手机、网络成瘾的现象每天都在悄然发生着，由此导致他们以相同和不同的方式产生了不同程度的影响及伤害，他们的表现和父母的反应也是形形色色，五花八门，但是，所造成的不良和不利影响、家庭矛盾的频发和亲子关系的紧张却是共同的。

又比如说，在从对儿童青少年各个方面造成的普遍影响中，我们也能窥见一二。

一、危及视力，导致近视

案例：冬冬，一个小学生四年级男生，由于经常熬夜玩手机的习惯迟迟没有改变，父母无论采取什么办法加以干涉和限制，还是没能奏效，因此导致了他的视力快速下降，从佩戴上第一副眼镜到第二副度数升高的眼镜，只用了短短的半年时间。眼科大夫认真地对他的父母说，毫无疑问，这是因为长时间使用手机，要想改善或解决这个问题，只能彻底改变不良的用眼习惯，即严格控制使用手机或电子产品的时间。

二、注意力转移，导致学习兴趣下降

案例：小明，一个初中二年级的男生，初一的时候，学习成绩一直在班里排在前五名，且还是副班长，但是，因为从初二开始，受到同学的影响和诱惑，他也开始迷恋上了手机并沉迷于各种游戏之中，经常连吃饭都忘记，导致学习成绩开始一路下降，期末考试后在班里的排名落到了二十五名之后。面对父母的追问和要求时，他只是以一句“游戏能让我很放松，并且很快乐!”就想把父母打发过去，可是父母怎么可能就此善罢甘休，眼睁睁地看着一个原来学习优秀的儿子就这样“堕落”下去，于是，亲子关系因此开始出现了严重的裂痕。

三、睡眠越来越少，导致健康亮起红灯

案例：虎子，一个初中三年级学习成绩中等的男生，自从迷恋上“王者荣耀”这款游戏后，他就经常熬夜摆弄手里的手机，甚至夜以继日，不能自拔。不知不觉中，他的身体开始出现各种的不适，一会头晕眼花，一会手脚冰凉，还出现过好几次头晕呕吐的情况，中考迫在眉睫，情况已是岌岌可危。所以，父母不得不带他去医院检查，虽然检测结果尚未显示有什么大问题，但是，医生却提示家长说，孩子的身体已是亚健康状态，如果不及时调整生活和作息习惯，并进行适当的运动，不久问题就会找上门来，到那个时候可能就麻烦了。

四、情绪急躁，动不动就发火，出现明显心理障碍

案例：强强，一个高一的帅小伙，以较好的中考成绩升入了一所当地比较理想的高中，父母还为此给他庆贺了一番。或许是高兴过了头，父母放松了对他的关注和要求。从高一下学期开始，他突然沉迷于手机游戏之中，只要父母提醒他要少玩手机，他就会生气发火，情绪变得越来越焦躁，尽管父母也曾循循善诱地和他交流过很多次，但是，他依然没有任何实质性的变化，越来越表现出郁郁寡欢和魂不守舍的状态，甚至有时的言行举止让父母匪夷所思，不得其解。过去父母眼中可爱的强强变成了如今心理扭曲的“弱弱”，让父母是又气又急，情绪也随之乱了方寸，家庭氛围也走进了低谷。

五、沉迷网络虚拟世界，背离现实，导致交往障碍

案例：珍珍，一个初中三年级女生，从小学习平稳，基本都在中等偏上水平，喜欢画画，弹钢琴在初二下学期时因学习压力增大而暂停下来。但是，父母也不知道是从什么时候开始的，珍珍从偶尔才玩一下手机和用iPad画画发展到已经对手机爱不释手，每天很长时间都沉迷于网络之中，父母也只能是一直猜来猜去：“仅仅是玩游戏，还是还看别的东西，还是……？”渐渐地，母亲发现女儿再也没有和他们夫妇俩提过有关同学和朋友的任何事，也没有再外出和同学玩，简直是一反常态。有一个周末，父亲特意安排了一个家庭式聚会的饭局，就想让女儿出去恢复一下“人际关系”，但是被珍珍斩钉截铁地拒绝了。接下来，她沉浸在网络里的时间越来越多，看来所谓虚拟世界中的人际关系和“归属感”已经代替了现实的人际交往，并完全满足其中。没过

多长时间，她除了开始出现焦躁和紧张情绪外，性格也变得越来越孤僻，极少和父母说话，除了不再跟随父母外出，还常常把自己封闭在房间里，患上了当下俗称的“社恐症”。由此，她出现了一系列的问题，身体和心理走向了虚弱和扭曲，父母也陷入了无尽的烦恼和痛苦。

案例解析

由此看来，儿童青少年手机、网络成瘾习惯不仅严重地影响了他们的身体健康，同时还对他们的学习成绩、生活质量、亲子关系、人际交往等带来了很大的负面影响，尤其是对他们的心理健康造成了一系列不可估量的复杂的影响。

痛定思痛，无论是儿童青少年自身，还是我们的父母、老师和社会如何面对并正视这个正在危及儿童青少年身心健康和未来成长与发展的重要紧迫问题，已经成为一个共同责任，时不我待，只争朝夕。如何用心和有效共同破解这一难题，值得我们一起积极探讨和努力实践。

3. 手机和网络成瘾问题的破解思路与方法

思路决定出路，打破思维瓶颈。依据儿童青少年心智发展的规律和特点，避免生硬和强迫式“硬碰硬”的方式面对和解决问题。或许一个最好和有效的方法就是采取“迂回战术”，从而

“不攻自破”。首先要从思想上正确认识这个现象和问题的客观性与现实性，切莫“一朝被蛇咬，十年怕井绳”“因噎而废食”，要以平和的心态、发展的眼光与理性睿智的气势和勇于攻坚克难与势如破竹的坚定信念来积极面对和想方设法，从源头出发，认清问题背后的特点、规律和实质而不再大惊小怪，并坚信一切皆事在人为，种瓜得瓜种豆得豆。

共同面对，认清危害，互为榜样，相互激励。通过自身的体验、感受和造成的影响与损失，以及大量现实案例的不良后果，清醒和理智地认识到手机、网络成瘾所造成的对人的身心健康的负性影响和严重危害，已是全社会，特别是儿童青少年必须面对的一次“生命挑战”，只能进不能退，否则必将对自身和家庭造成不可逆、不可估量和无法挽回的严重影响和惨重损失，而毁了一生的前程和家庭的幸福福祉。

达成“问题的解决，一定人人有责”的社会共识。家庭、学校、社会和儿童青少年联动，重树健康生活方式和风清气正的社会风气，打造一个平和、阳光、健康、积极向上和充满正能量的社会大环境，坚决以健康、责任和效果为导向，建立起和谐统一的价值观和生命理想，让恶习和侥幸心理无处藏身。

父母和老师要引导和激励儿童青少年树立远大的人生目标，建立起美好生命理想的意识，并以所有正能量的国家功臣和英雄为榜样，积极拓展生活、学习和娱乐的无限空间和机会，让丰富多彩的活动走进儿童青少年的成长中，尊重自身的个性发展，鼓励创新创造，充分激活潜在的一切想象力和生活激情，展现出思想和生命的无限精彩，让心灵得到阳光雨露般的滋润，在“天外有天”的世界里更加地去丰富自己的兴趣和爱好，并找到属于自己的那一份真正的自信和快乐。由此，彻底摆脱一部手机“就是我的全世界”的认知局限和本末倒置、得不偿失的尴尬局面。犹如法国浪漫主义作家雨果所言：“世界上最宽广的是大海，比大海更宽广的是天空，比天空更宽广的是人的胸怀。”

可以采取“转移注意力战略”，让手机、网络渐渐退出儿童青少年生活的“主舞台”，取而代之的可以是除了手机以外的一切积极、健康活动，如运动。在搜狐网评论中，有人曾经这样严肃、形象而诙谐地说：“假若你想毁掉一个孩子，那就请给他一部手机。”从生理和心理学的角度来看，要想让儿童青少年少玩，或放下手机，只有找到它的替代品或方式，否则别无他法。而其中最好的方法就是引导或带领他们开展形式多样的运动与锻炼。比如在家中进行家庭运动器械锻炼的亲子有奖比赛，大大地激发他们喜爱运动的兴趣，从而在家中养成一种家庭生活不可或缺的运动习惯。当然，户外运动应该成为首选和优选。可以是亲子慢跑的自由轻松、一同骑自行车环游的潇洒，也可以是体育场或体育馆乒乓球或羽毛球的有趣对抗、游泳池里各种泳姿的竞技比拼，还可以是篮球场或足球场上的自由奔跑、家庭、朋友组合式的集体比赛，更可以是远足的意志磨炼、安全可行户外探险的刺激与自信，等等一切有趣、有益、有力的有氧运动。让儿童青少年在运动的时候和过程中，强健了体魄、磨炼了意志、放松了精神、开阔了胸怀、学会了合作、体会了分享、懂得了坚持、增进了感情、并体验了人生的乐趣、理解了生命的价值和意义，可谓是一举多得、受益匪浅。这样，他们也就忘记了手机的存在和对手机的依依不舍，在身心得到彻底放松的同时，还收获了快乐和健康，让运动成了一种一生相伴的好朋友和妙趣横生的生活方式。

友好协商，共订计划，循序渐进；相互监督，相互信任，相互支持，合作共赢。古希腊柏拉图这样说过："节制是一种秩序，一种对于快乐与欲望的控制。"依据儿童青少年使用手机已经养成的习惯，以及占用时间的多少，父母和孩子共商后制订一个手机使用的规则和时间计划，以半个月为限作为适应和缓冲期，他们自觉遵守，父母监督提醒。具体执行办法如下：

第一，父母除工作需要或特殊情况有限或短暂使用手机外，尽量和孩子保持一致，以身作则，树立榜样形象。

第二，孩子坦诚告知父母自己使用手机的内容，如游戏、微信交流等；只要不超出行为和道德规范，父母也以诚相待，不予干涉，并应该了解和学习相关游戏内容与玩法，可以择时与孩子交流，形成积极互动，分享孩子的能力进展和成就感，让他们获得良好的心理感受。

第三，分清主次，有序安排、分配时间。在先完成学习任务的前提下，他们可以使用手机，设定提示闹钟，在缓冲期的第一周内每天减少十五分钟的时间，以此类推，到缓冲期，即半个月结束时，每天使用手机的累计时间控制在一个小时内，周末、节假日父母根据每一周计划执行情况和效果，可以适当放宽到增加不超过半个小时的时间，一经确定，严格执行。

第四，倡导健康使用手机与网络，积极营造家庭成员使用手机等电子产品的良好氛围，极大地促进亲子关系建设。手机与网络并非洪水猛兽，只要内容和形式健康、丰富、有趣和有益，一家人可以经常进行讨论、交流和分享，把注意力尽量集中到有趣和有益的共同兴趣与内容上，让孩子得到充分的释放和展示，使孩子在与父母的和谐交融中深刻地体味到温暖和自信的力量，从而渐渐地增强生活、学习和娱乐的自觉与自律性，创造出一个充满阳光和温度的快乐健康环境。

第五，刚柔相济，有奖有罚，牢固树立规则与规矩意识。就如莎士比亚所说，纪律是达到一切雄图的阶梯。任何一种习惯的调整和改变必然有一个过程，所以，孩子和父母都要接受这个过程中可能出现的失误，甚至错误，要以一颗平常心去积极面对，在理解和包容中认识到问题所在，主动和坦然去接受相关的“惩罚”，并从中吸取经验和教训，继续勇敢和充满信心地去迎接美好的每一天。但是，更应该提倡的是，父母要看到孩子的每一点、每一次和每一天的积极变化和可喜的进步，适时、及时给予孩子最好和最大的鼓励，让他们充分品尝到严格要求自己、努力改变和取得信任与成绩所带给自己的美好滋味和种瓜得瓜种豆得豆的“好处”，从而学会自主选择正确和阳光的人生道路。

第六，近朱者赤，近墨者黑。父母不断地引导、启发和帮助孩子懂得选择正确、合理的交往方式和对象，努力提升自己认知事物、辨别是非、知晓取舍和坚持正确的意识与能力，并主动加强与老师经常性地沟通交流，特别是自己在学校里遇到的困惑和困难，第一时间求得老师的理解、支持和相助，尽早缓解或解除一切心理障碍，营造出一个宽松、和谐、理想和良好的人际关系环境，自在、快乐地投入到每一天的校园生活和学习之中，收获成长和进步。

总之，儿童青少年手机、网络成瘾问题绝不是孤立存在的，任何一个单方面的努力，哪怕是已经全力以赴也是孤军作战，根本不可能奏效，且很可能还会背道而驰，雪上加霜。只有群策群力，各方共同参与，同舟共济，联合发力，坚持不懈才能积极面对，得心应手，破冰而解。

儿童青少年时期是孩子们养成良好言行习惯的重要时期，更是关键时期；但是，由于这个时期他们的心智发展尚不成熟、认知能力、辨别是非曲直的能力和思维与判断力还具有一定的局限，加上独立意识强而意志力薄弱，以及情绪变化不定，所以，他们就很容易受到外界所有环境因素诱惑和刺激的吸引，一不留神就可能会养成一系列不良习惯。因此，在他们的这个特殊时期，正是需要得到引导帮助、关心、理解、包容、支持和鼓励的时候，如果我们错过了这个关键和最佳的时期，影响和后果将不可想象，难以挽回，甚至悔之晚矣。

综上所述，我们要想从根本上去破解这一难题，尽早让他们从手机、网络成瘾的困境中走出来，并回到正常、健康的身心状态，我们就应该从共同的认知、动机、思路和行为这几个方面来进行努力和践行。而不是“头痛医头，脚痛医脚”“东一榔头，西一棒子”“饥不择食”“慌不择路”和“头发眉毛一把抓”。

这其中，我们应该重点思考并把握住一个问题的关键，那就是孩子并非天生就遵守规范。因此，我们就必须要认清什么是问题的“界线”概念，并很好地运用它去破解问题的关键。其实，对于儿童青少年来说，所谓的“界线”就是界定他们的“所有权界线”。如果我们知道他们的界线所在，就可以把握他们预期能控制自己到什么程度，就可以顺理成章地要求他们在情绪、言行、态度和思想上负起什么样的责任。换句话说，如果他们与父母双方遇到矛盾时，一开始就在推卸自己该负的那一份责任，但是，如果在他们与父母的关系中，一开始我们就界定了对彼此的期望，然后，再要求双方为对方的那一份负起责任，情况可能就大不一样了。当他们与父母双方都能为自己那一份关系负起做主的责任，双方的关系才能够继续下去，也才可能达到和平共处的预期目标。

尤其是对于青春期的青少年来说，他们需要知道应该从哪里开始，需要他们负起什么样的责任，不需要负担什么样的责任。如果他知道这个社会和父母要求他们要为自己的人生负起责任，他们就可能会有学习活出这样的需求，并且会把他们该做的事情做得更好。然而，如果他们在一个对自己该有的界线即该负起的责任，以及父母该有的界线即父母该承担的责任关系中不明不白地成长，那他们就不可能培养出能够使他们成功地掌握人生方向和发展的自觉、自制能力。反之，他们会在含混不清的界线中成长，并导致相反的结果：想要控制别人，自己反而失去控制。

给教师和父母的建议

现实中，往往是失控的他们还想要控制父母或所有人，却不想以控制自己来顺从父母的要求，而是想要父母彻底改变对他们的要求。因此，从心理学的角度来看，如果不能很好地认清并解决这个“界线”与相应“责任”的问题，即便是父母已经是尽心尽力，但是，预期和应有的效果依然难以实现。因为，孩子不是天生就遵守规范的，他们需要从周围的关系和服从规矩中，将界线内化为己有。为了使他们认知清楚自己是谁，以及他们的责任是什么？父母就应该和他们立下清晰的“界线”，并且通过耐心与智慧，以及具体有效的方法引导和帮助他们学习了解并认清自己的言行“界线”。如果这个“界线”清楚了，他们就会形成这样的言行习惯特征，即从此对自己是谁就有了清晰明确的认知，并同时明白了自己该负起的责任是什么。

因此，儿童青少年在他们早先所形成的个习惯，在之后的成长中都会活生生的显现出来；而他们的这些个性、习惯品质首先是在与父母的亲子关系中渐渐形成的，所以，我们决不能轻视和低估了自己在孩子个性、习惯品质养成上所扮演的重要角色和应有的一份沉甸甸的责任！

六、校园霸凌

何为“校园霸凌”？校园霸凌是指：第一，在校园内外学生一方单次或多次蓄意或恶意通过肢体、语言及网络等手段实施欺负、侮辱，造成另一方身体伤害、财产损失或精神损害等的事件。第二，校园欺凌多发生在中小学。校园霸凌分为单人实施的暴力、少数人实施的暴力和多人实施的暴力。第三，实施环境地区多为校园周边或人少僻静处，甚至是在校园公共区域进行欺凌，对学生的身心造成伤害。

1. 校园霸凌的定义和类型

“校园霸凌”行为的主要类型如下：

（1）为受害者起侮辱性绰号；指责受害者无用、侮辱其人格等。

（2）对受害者进行重复性的物理攻击。拳打脚踢、掌掴拍打、推撞绊倒、拉扯头发；使用管制刀具、棍棒等攻击受害者。

（3）干涉受害者的个人财产、教科书、衣裳等，损坏或通过他们嘲笑受害者。

（4）欺凌者明显地比受害者强，而欺凌是在受害者未能保护自己的情况下发生。

（5）传播关于受害者的消极谣言和闲话。

（6）恐吓、威迫受害者做他或她不想要做的事情，威胁受害者跟随命令。

（7）让受害者遭遇麻烦，或令受害者招致处分。

（8）中伤、讥讽、贬抑评论受害者的体貌、性取向、宗教、种族、收入水平、国籍、家人或其他。

（9）分派系结党：孤立、杯葛或排挤受害者。

（10）敲诈：强索金钱或物品。

（11）画侮辱性的画，写侮辱性的文字。

（12）网上欺凌，即在网志或论坛上发表具有人身攻击成分的言论。

随着互联网和信息化的发展，手机、网络已走进了千家万户，对手机、网络的使用与依赖，已经成为当今绝大多数人，包括越来越多的中小学生的一种生活方式，其积极或消极影响也都越来越明显。由于儿童青少年过早地接触到各种社会信息，而这些信息中包含着一定的不良信息，其中不乏有关暴力的内容和色彩，加之我们教育中关于生命教育、道德教育、人文教育和法制教育的弱化、忽视及缺失，同时由于儿童青少年在认知和是非辨别能力上的种种局限，以及容易被各种刺激的兴趣与行为模仿所吸引和社会不良风气所侵蚀渗透，因此导致校园霸凌行为频频发生，日渐严重，并呈现出低龄化趋势，不仅是中学校园里有校园霸凌事件，在小学校园中也屡见不鲜。它不仅给儿童青少年的身心健康带来了严重的影响和伤害，同时还造成了巨大的社会危害。这对于正处于人生重要发育和发展阶段的儿童青少年来说，已经不仅仅是一个沉重的打击，甚至还可能对受害者产生终身难以治愈的心理创伤或终身残疾。

2.三个校园霸凌的恶性案例

近年来，随着网络的社会化效应，越来越多的校园霸凌事件被各种媒体和媒介频频报道出来，此类事件不仅越来越多，而且其恶劣程度还在不断地增加，并形成了一个广泛存在的恶劣社会现象，严重地困扰着很多家庭，同时更成了一个全社会面临的严重社会问题和紧迫的教育难题。当下，校园霸凌作为发生在校园内外的、以学生为参与主体的一种攻击性行为已引起了全社会的广泛关注和高度重视，它将何去何从，我们拭目以待。

案例一：军军，因为早产，所以从小就有些体弱。“小金豆”的他从小就是大人们口中懂事、听话的孩子，学习也不费劲，略带腼腆的性格也从来没有闯过祸，所以给父母省了不少的心。进入五年级后，妈妈想强化一下他的弱项科目数学，就给他在校外报了一个数学提高班，为的是小升初时能有一个理想的成绩。但是，在后来某一天发生的一件事却给这个温馨的小家蒙上了一层很多年都抹不去的阴影。

从小爸爸就锻炼他自立的能力，所以每次上完补习班都是他自己坐四站公交车回家，一个多月以来都是安全到家，所以爸爸妈妈也就放心和习惯了。可是，有一天已经超过他应该到家的时间半个小时了，还不见他的身影出现，身患类风湿十几年的妈妈坐不住了，在窗边看了几次后踉踉跄跄地下了楼，忐忑不安地望着儿子回家的方向……当妈妈回到家拿起电话正准备向老师询问时，军军进家了，这时妈妈才深深地吐出一口气，并追问了一句："今天怎么会这么晚，你让妈妈急死了！"军军低声地回了一句："没事儿啊，就是等公交呀。"就进了自己的房间。看到儿子好像也确实没什么事儿就去厨房热饭菜了。到了晚上十点半，妈妈去帮儿子收拾洗澡后刚换下的衣服时才发现了问题，军军的内衣上有一片鸡蛋大小的血迹，就赶紧去向儿子讯问到底发生了什么。几次逼问都未果，直到妈妈急哭了，军军才不得不道出了事情的原委。

原来，军军在上这个补习班的第二天遭到了坐在他后排的一个小男生的骚扰，总是让军军把橡皮、铅笔等文具给他用，军军也没多想，每次都满足了他的要求。但是，军军的善意并没有换回任何应有的"回报"，反而那个小男生却变本加厉地要求军军拿钱给他用，并威胁说，"如果不拿，就给你点颜色看看！"因为军军身上的零花钱是用来坐公交车的，所以就没有给他。就这样，气氛变得越来越紧张。性格偏内向的军军除了心里觉得不舒服外，也没多想别的，反正不理他就是了。结果，事态终于升级了。今天上完课了，那个小男生从后面递给军军一张小纸条，上面写着"放学后我们到楼下会会。"果不其然，等到军军走出教学楼时，包括那个小男生在内的四五个"同学"已经在候着他了。那个小男生俨然一副"老大"的架势气汹汹地对着军军大声地喊了一句："不服管，是吧！"还没有等到军军反应过来，几个男生冲上来就是一顿拳打脚踢，瘦弱的军军哪有还手之力，只能是被动挨打，几次挣扎想跑却始终被他们团团围住……听完儿子的这番诉说后，妈妈立即掀起儿子的衣服，眼前儿子后背上大片大片的淤青和血痕瞬间就让她崩溃了，泪如雨下，心痛不已！“这哪是小学生啊，简直就是太无法无天了！”妈妈一定要去找那个对儿子施暴的小男生的父母讨个说法。

案例二：花花，初中二年级女生，学习好，数学课代表，身材好，还长得漂亮，在众人看来简直就是集完美于一身，所以招来了班里几个学习平平的女生的“羡慕嫉妒恨”。虽然，花花早已感觉到了来自她们的异样眼光和不停地说三道四，甚至还出现过几次无中生有的诽谤；但是，从小有着良好家教和定性的她并没有去理会她们的不是和过分，反而是一如既往地把精力都放在了学习和协助老师工作上，还经常替别的同学打扫卫生，坚持做自己喜欢做的事并乐在其中。可是，突如其来的一件事，却彻底地打破了她生活和学习的平静，让她百思不得其解，痛不欲生，几乎走到了绝望的境地。

一天放学后，刚刚走到学校围墙的拐角处，就被几个女同学，好像还有两个隔壁班的女生团团围住，其中一个女同学一边指着花花的鼻子骂脏话，一边把手中的一瓶黑墨水泼到花花的身上。因为是冬天，又冷又黑，毫无防备的花花顿时心生恐惧，她的一句“你们想干什么”的话音刚落，就被一通的撕扯，书包被扔到几米之外，里边的书本和文具散落一地，一排衣服扣子也一个个被扯掉，要不是走过来的两个高年级男生看到并制止，后果就不可想象了。花花十分无奈地收拾完书包，随便地整理了一下衣服后就垂头丧气地朝着家的方向走去。事后一番左思右想后，她选择了独自面对，既没有告诉父母，也没有报告老师，心想等

会和教育难题，无疑是全社会责无旁贷的艰巨使命，我们只能先从它产生的背景和原因入手，一探究竟，然后再理智面对，全力以赴。

依据美国心理学家布朗芬·布伦纳的生态系统理论，可将“校园霸凌”的成因划分为：“外层系统”，即新技术与大众媒介环境、“中间系统”，即家庭环境和养育方式、学校环境与资源和“微观系统”，即个人身心状况及成长经历（参见布朗芬·布伦纳1979年出版的《人类发展生态学》）。据此理论，并结合我国儿童青少年成长和发展实际情况，我们就可以做出以下基本分析。

从外部环境来看，由于受到网络信息的冲击和影响，儿童青少年很容易从其中获得海量他们感兴趣的信息，以及刺激性很强或不健康的内容，因此受到吸引和诱惑，进而开始模仿、尝试和体验，加之同时受到不良社会风气的影响，所以他们对于极端和暴力的情形就有了行为体验的欲望，从而获得刺激和满足，并渐渐地形成了一种无形的依赖。

从中间环节来看，一方面受到家庭氛围、父母性格、养育方式，如父母强势、言行不当，父母不和、家庭矛盾频发、亲子关系紧张，甚至出现过家庭暴力现象等不良和消极的影响，他们就顺其自然地在现实与虚拟之间模仿着、放纵着，让自己的行为成为了一种理所当然。另一方面，由于在学校里受到人际关系多变和不定的影响，特别是各种矛盾的发生让他们产生了不信任、不安全感，同时又很少有机会与老师经常交流并保持亲密关系而得到老师的指导和帮助，加之一些有着不良习惯和言行的各年级同学，以及一些校园坏风气的影响，让他们，特别是男生很难找到志同道合的知己，只能与一些投脾气或“臭味相投”的同学拉帮结派，形成一股“小势力”来对付或抵抗可能来自各方的不公、打压或欺负，渐渐地产生了以牙还牙的潜在暴力倾向，随时等待着一触即发的时机，这就是危险的开始。

从微观个体的角度来看，或许由于父母在家庭教育中的缺位与错位，以及教育理念和方法的简单粗暴，经常引发家庭矛盾和冲突，使得亲子关系紧张，家庭感情淡漠，在家中很难得到尊重和信任，加上学业压力大，生活无趣、无奈，越来越缺乏满足感和安全感，从而迷恋上手机和网络，从中去寻找安慰、寄托和自我存在与价值，渐渐地出现了情绪焦躁、内心扭曲等心理障碍。

综上所述，造成校园霸凌行为的原因不仅仅限于这些，可能还有很多其他未能挖掘的方方面面因素，也都可能分别成为直接或间接的原因，但是，以上从结构和方向概念上的剖析与推理应该是主要原因。在这个前提下，我们就可以“顺藤摸瓜”地找寻到应对和解决问题的基本方法和策略。

3. 从家庭、学校和学生三大层面寻求解决之道

校园霸凌是一个复杂的社会和环境问题，涉及家庭、学校和社会，以及网络等一系列因素。因此，这个问题的解决是一个复杂、综合的系统工程，所以，只有全方位和全系统的通力合作，并持之以恒才能得以实现。以下，我们主要从家庭、学校和学生三个层面进行探讨并提出意见。

其一，家庭层面。加强家庭情感、亲子关系、精神和心理建设。自由、和谐、活跃、有趣和有爱的家庭氛围是孩子健康快乐成长的必要前提和基本保障。从小有温暖，长大才健康；从小有真爱，长大才坚强；从小会快乐，长大才幸福；从小就自信，长大有出息。

利用一切机会，创造一切条件，通过运动、锻炼、旅行、交往、家务、劳动、公益、慈善、帮扶、参观、学习等一系列积极和丰富的活动，注重孩子性格塑造和良好习惯养成，培养孩子健康人格，锻造孩子心理素质，提升人际交往和抗压能力，提高孩子面对困难和挑战的应对与应急能力，以及辨别是非和取舍选择的能力。

强化孩子人际交往方法和能力的培养，让孩子从其中学会并懂得“一个篱笆三个桩”和“朋友多力量大”的道理和益处。让孩子在良好的人际关系和丰富而饱满的情感积累氛围中找到自我和自信，以从容地应对未来的一切意外和打击。

一旦遇到校园霸凌行为，明确而坚定地向孩子表示：父母随时都在你的身边，永远都是你最坚强的后盾，一直都会陪伴你度过所有难关。无限增强孩子在任何时候、任何情况和任何条件下面对任何压力和挑战的信心与勇气。同时教给孩子沉着冷静、不慌不忙和以智取胜的基本方法与技巧，如可以学习韩信的“胯下之辱”智慧先尝试能否有求得安全保护的机会，如果不行，再马上求救、报警或快速逃离等等，让孩子由此获得来自父母的最大心理安慰和精神力量。

其二，学校层面。我们要努力为学生创造一个积极、阳光、健康和安全的学习生活环境，通过体育、比赛和校园文化活动积极促进学生与学生、学生与老师之间的情感交流，让整个校园充满活力和友爱，让信任与理解、支持与互助、体贴与关爱、同情与友善、责任与担当成为一种校园的文明和风气，树立起风清气正、携手并进和共向美好未来的优良校风，为学生的健康快乐成长保驾护航。

增强学生法律意识，加强校园法治教育和建设。把中小学生法制教育列入教学大纲，作为学生的必修课，并通过开展各种形式和丰富多彩的法律实践活动，如法制教育进课堂、案例模拟法庭等活动普及法律知识，使学生养成敬畏法律、遵纪守法和自觉恪守社会行为规范的良好习惯。同时，与时俱进，进一步完善学校各项规章制度，特别是学生的校园道德文明和法治行为规范准则，对严重违纪违法的学生和行为零容忍，并且没有藏身之地，让整个校园充满有法可依，违规必究的一派正气。

加强家校的合作与交流，本着相互理解、相互信任和相互支持的态度与原则，互相及时通报孩子、学生在家庭和学校的生活与学习情况，特别是思想和心理上的变化和问题，适时给予引导、帮助和干预，把一切不良、不利问题消灭在萌芽状态，用未雨绸缪的预防意识和措施来及时有效地避免孩子、学生校内外一切极端行为的发生。

其三，孩子、学生层面。近朱者赤，近墨者黑。坚持健康的生活方式，与正能量为伴，与优秀榜样为伍，坚决杜绝不道德、不文明和不健康的内容和行为进入自己的生活和视线。特别是要学会甄别手机与网络中形形色色、五花八门的是非、对错和好

当前，我国儿童青少年心理健康问题正在呈现出不断上升和低龄化的趋势，并且，这个问题的复杂性、影响程度和危害性同时也在不断地变化、加深和扩展，尤其是心理极端问题和行为正在频发和凸显，已经成为全社会高度关注并亟待解决的一个急迫和棘手的重要难题。

一、频发和凸显的儿童青少年心理极端问题

1999年教育部关于《关于加强中小学心理健康教育的若干意见》中明确指出：“当今世界科学技术飞速发展，国际竞争日趋激烈，我们要实现中华民族的伟大复兴，就必须努力培养同现代化要求相适应的数以亿计高素质的劳动者和数以千万计的专门人才。良好的心理素质是人的全面素质中的重要组成部分，是未来人才素质中的一项十分重要的内容。当代中小学生是跨世纪的一代，他们正处在身心发展的重要时期，大多是独生子女，随着生理、心理的发育和发展，竞争压力的增长，社会阅历的扩展及思维方式的变化，在学习、生活、人际交往和自我意识等方面可能会遇到或产生各种心理问题。有些问题如不能及时解决，将会对学生的健康成长产生不良的影响，严重的会使学生出现行为障

碍或人格缺陷。他们的健康成长，不仅需要有一个和谐宽松的良好环境，而且需要帮助他们掌握调控自我、发展自我的方法与能力。”

由此可见，儿童青少年不仅肩负着祖国未来的重担，更是我们民族进步和发展的希望。因此，他们的身心发展和健康状态，特别是因为各种压力和负面影响所导致的严重心理健康问题和极端行为问题的逐渐恶化，已是一个迫在眉睫和亟待解决的社会问题，否则后果不堪设想。

世界卫生组织对健康的定义是：健康不仅指没有疾病或躯体正常，还要有生理、心理和社会适应方面的完美状态。因此，健康除了身体无疾病外，还要具备心理的稳定性和良好的社会适应性。儿童青少年心理健康是指儿童青少年具备健全的智力、情感和意志，连续统一的人格，以及对己、对人、对社会的正确认知和良好的适应。

1.频发和凸显的心理极端问题

当前，儿童青少年正处在一个身体和个性快速发展的阶段，特别是他们从儿童阶段进入青少年时期，他们身心的发展都会产生极其大的变化，同时也是一个危险时期，这是他们一生中最容易偏离正常心理的状态，从而导致不适应行为或心理健康问题的特殊和关键时期。因此，在他们成长的这个特殊和关键时期，如果我们不能及时而有效地加以正确引导和帮助，其危害是巨大的，甚至是不可挽回的；由此会导致儿童青少年对人对事产生多疑、偏执、冷漠、嫉妒、自卑、孤僻、任性、逆反、对抗等畸形性格，从此使他们理想丧失、信念动摇、意志衰退、学习被动、精神萎靡、生活无趣和言行消极，进而走向负面，甚至还很可能向病态心理和犯罪心理转化，从而走向极端。

目前，儿童青少年心理极端问题和行为正朝着多元化的方向和趋势发展，并在不断地加速和加剧，常常又因为个体差异、环境影响差异和隐蔽或明显诱因差异而表现出不同的方式与程度。但无论如何，最后的结局都是极端、惨痛和无法挽回的，所以我们必须高度重视这个问题。

2. 抑郁、严重抑郁

现今，抑郁可以说是儿童青少年最为常见的一种心理健康问题或心理疾病，具体症状表现为较长时间的持续身体不适、情绪低落、情感淡漠、生活无望、兴趣丧失、关系紧张、思想麻木、思维迟缓和低生命意义感等身心症状，这会在很大程度上导致他们出现心理障碍，并一步步地走向焦虑、抑郁和重度抑郁，严重的甚至会走向轻生，放弃生命。因此，抑郁、重度抑郁就成了他们有可能最终做出极端行为的一项重要风险因素。我们无妨从以下走到人生绝境的孩子们的一个个案例，来正视和反思这一问题所导致的惨痛结果。

“我睁开眼看到的不是太阳，是作业。”

“这年头就是这么怪，坐在沙发上躺在床上的人，永远有资格指着鼻子骂一个正在读书或写功课的人，不为别的，就因为人家是长辈。”

“妈，我不知道我怎么了，什么也不想做，变得好累，控制不住情绪，我感觉痛不欲生。”

“爸爸妈妈，对不起，我好像就是个废物，好没用，活着注定拖累你们还有别人。我真的就是个彻头彻尾的废物……对不起!”

“那些欺负过我的人……是你们用语言、用行动伤害了我……”

“妈妈，我真的不知道我怎么了，我什么都不想做，我觉得太累了！我无法控制自己的情绪。对不起，我只是个废物，我是个废物！妈妈，你一定要快乐，这是我唯一的愿望!”

“爸爸，我真是个拖累对吧，什么都做不了，什么也不想做，我实在是扛不住了……”

“这世界一直教我们成功，从未有人教我们接受平庸!”

“我已经看透了这个世界，未来对我没有任何吸引力。仅就世俗的生活而言，我能想象到通过努力得到的一切，也早早认清了我永远到不了的边界。”

类似以上这般令人心痛和不忍直视的记录，不胜枚举，惨不忍睹，这是一个个年轻生命发自心底的呼唤！据百度资料《中学生自杀现象调查分析报告》记载：北京大学儿童青少年卫生研究所曾历时3年多，对全国13个省份约1.5万名学生做的自杀现象调查分析，结论让人触目惊心。看到这里，我们不得不向全社会大声地喊出：我们必须高度重视儿童青少年的极端心理问题。

3. 轻生等严重心理问题

儿童青少年轻生的念头主要来自“累赘感”以及缺乏归属感。如果有成就感，他们就会觉得自己有价值，不会觉得自己是负担；如果和周围的人有亲密的关系，就不会缺乏归属感。美国国家学校心理学家协会（NASP）把“家庭的支持和融洽的亲子关系”列为提高青少年抗挫折能力的第一条。因为良好的家庭关系和亲子交流会增强孩子的归属感，一个温暖的家永远是孩子获得成长力量的重要源泉。在孩子们的生命中，哪怕只有一个人与他们有这种温暖的生命联结，让他们由此获得归属感，那么在他们成长中的任何关键时刻，他们都不会感到无奈和彻底的无助。他们可能处在不同的风险因素中，但只要没有缺少这种成就感和归属感，就不会走到人生的最后一步，导致悲剧发生。所以，父母能做的也是必须做的就是让孩子永远都能够从温暖依旧的家庭中获得那最后一根“救命稻草”，留住孩子即将或正在绽放的宝贵生命，让一朵朵、一簇簇活力四射的生命之花似火红艳丽的映山红一般开遍每一个有生命的地方！

我在草拟这本书的提纲、选择确定章节和开始写作本章节的过程中，一直有一个问题在困扰着我，让我犹豫不决，就是到底要不要触碰这些“极端问题”，如实陈述真实案例？其实，写作这本书的初衷和目的简单而明确，就是想与读者，特别是儿童青少年、父母家长和教育工作者分享、探讨和正视这些“极端问题”，以求能探索出一种或一套正确面对和积极解决问题的思路和方法，并非想哗众取宠，更不是危言耸听，只想以其来引起全社会，乃至政府的高度关注和重视，由此来想方设法解决问题，争取早日“破冰而解”。

因此，经过反复、认真和慎重思考，并广泛征求意见后，还是决定尊重事实，直面真实。其实，另外一个事实却是，如果我们一直打算尽力“压住”类似的负性事件，似乎以为这样就不会影响和刺激到还是未成年的孩子们，同时不要引起社会的所谓恐慌，以为“纸可以包住火”，这是不可取的，因为事实真实地表明了，在当今这个信息化全覆盖的时代社会，加之各年龄人群广泛而密切的人际交往，以及儿童青少年心智的超前和快速发展，几乎所有社会敏感话题和惊人事件都会或早或迟地进入了他们的眼中，进入他们私下的“特别关注”和记忆之中，所以，我们何故还要如此自欺欺人呢？反之，如果我们和孩子们一起来面对这样的现实，积极展开分析和讨论，从中汲取教训，并对孩子们进行积极而正确的引导，以铜为镜，进而做出正确的行为选择，这正是启发和引领孩子们健康成长的一种难得而有益的好机会。

二、发人深省的三个典型案例

典型案例一：在天津发生了7名学生轻生事件，这个晴天霹雳般的讯息一出，顿时，全社会都“爆炸”了，无法想象这个沉重的事实，它毫无预兆地就发生在我们的身边，到底是什么原因所致呢？这几个孩子都是仅十几岁的儿童青少年学生，他们的花样年华才刚刚开始，都还在经历着成长的快乐和生命的意义，就这样毫无征兆地选择了这种极端的方式。

案例解析

分析这七个孩子的轻生事件，有着相同或不同的复杂背景和直接或间接的种种原因，但是，大体上很可能与缺乏家庭温暖、社会关爱、学业压力大、精神紧张、心理压抑以及家庭和学校教育方式扭曲或不当有关。不管调查的情况怎样，无疑无论是父母、老师，还是管理者一定都在分析、思考、歉疚、后悔和反省着自己身上曾经可能存在的问题、失误和错误。然而，已为时晚矣，唯有痛定思痛，痛改前非，不要让这样的惨剧再在孩子们的身上发生了！

典型案例二：2016年，被誉为“史学天才”的林同学选择了轻生，引起了全社会的一片哗然。之所以称他为“史学天才”，是因为他在高中一年级和二年级的时候就出版了两部历史专著，被宋史大家盛赞为“史学界的奇才”。他的这两本书，均以严谨的学术态度和方法对历史事件进行了深入细致的研究和解读，并引起了相关学术界的普遍赞誉，因此，他还被邀请到大学做讲座。这一被众多专家认为了不起的成就，源于他从小就对历史有着浓厚兴趣和敏锐洞察力。他从小喜欢阅读各种历史书籍，不仅熟读过中国史，还涉猎了世界史；而他对历史的学习和理解不仅限于记忆历史事实和背诵年代上，并且还能从宏观和微观两个维度上，对历史变化的规律进行由浅入深的分析，并且形成自己独特的见解。因此，在高中学习阶段，他就展现出了出众的历史才华。但是，就是这样一个与众不同的“史学天才”的结局却让人惋惜慨叹。

案例解析

林同学出生在一个知识分子家庭，有着良好的生活和成长环境，所以才拥有后来成为“天才”的基本条件和机会。然而，事物基本上都具有两面性，一面是令人羡慕的青年才俊，而另一面被他的“青年才俊”一面所掩盖，那就是在他成才的过程中就已经患上了抑郁症，只是除了他自己，不为人知而已，或许一直沉浸在自豪与幸福中的父母从未察觉到儿子“隐身”的另一面。其实，他的这个“潜在危险”在他获得成就以后就有了明显的表现，如他一直不愿意接受媒体的采访和参加任何有关的社交活动，只想静静地地读书和写作，彻底沉浸在自己的历史世界中，而他的理由简单而直接：“我只是一个普通的高中生，我只想做我喜欢做的事情；不愿意让自己成为舆论泡沫下的牺牲品，不想自己宁静的读书生活被打扰。”由此可见，另外一个“他”却同时在承受着如他所说的“未来没有吸引力”而产生的困惑、焦虑、无奈、甚至绝望的心理折磨，最终走向了心理和人生的负面，选择了对真实而痛苦现实的逃避。（此案例据2016年2月26日《新京报》）

典型案例三：正在就读重点高中的涛涛，有一天做出的一个过激举动彻底地打破了家里往日的平静，一句“我忍了你14年了”后就对母亲施以无数重拳，最终是他与母亲两败俱伤。事情从发生到现在已经过去了半年时间，但是，身为领导干部的母亲依然没有走出当时所留下的可怕阴影，晚上经常还会被噩梦惊醒；而涛涛也在极其矛盾和不断纠结的心理中备受煎熬。直到现在，母亲经过几次手术后正在康复中。

案例解析

任何极端行为所造成的后果无疑都是惨痛和难以挽回的，无论是施暴者，还是受伤者同样都会受到巨大的伤害。如果是青少年，他们受到的伤害不仅仅是当时，其伤害和影响也是深远，甚至可能是终身的。面对青少年极端行为这一难题的破解，不是可能，而是必需。青少年和父母同时都是责任人，谁都不能推卸和逃避，尤其是身为家长和监护人的父母更要担负起这一重任，且责无旁贷。所以，只能共同面对，齐心协力，找到问题症结；而后想方设法，对症下药，竭尽全力。认真反思，找出原因，端正态度，分清责任，勇于担当，充满信心，志在必得。

三、当下儿童青少年极端心理问题的应对与预防

儿童青少年的极端行为是一个严重的心理健康问题，冰冻三尺非一日之寒，不可能一蹴而就，一定会有一个压力重重和曲折的过程，想要驱散这心中的“黑暗”，不是要把这“黑暗”挪开、移除，我们只需要让“光”照进来，而这希望之“光”就是我们心中共同的信心、决心、执着和智慧。

《黄帝内经》有载：“上医治未病，中医治欲病，下医治已病。”从家庭的角度来说，面对孩子心理健康，特别是心理严重障碍问题，切忌“知其然而不知其所以然”，不怕出问题，怕的是从一开始就不知道如何面对和解决问题。一方面，儿童青少年自身要明白“成长的烦恼”是一个人成长过程中的一种正常现象，不要大惊小怪，而应该学会主动表达思想与情感，及时向父母、老师、同学和朋友传递疑惑和困难信息并进行坦诚交流，接受他们的帮助，及时消除疑惑，化解矛盾，解决问题，从而获得成长的信心、快乐和力量。另一方面，作为家长的父母，应该调整看问题的角度、方法和面对问题的心态，把一直紧绷的心转变为无条件的爱，走进孩子的内心世界，察言观色，一探究竟。真正有智慧的父母，决不能首先在孩子的身上挑毛病，而是及时反省，找出自身存在的主要问题，并及时调整和改变，以防一错再错，争取与孩子及时“合拍”的机会，防患于未然。

孩子要懂得感恩父母、敬畏生命，父母要读懂孩子、学会发现。孩子要明白父母的付出、辛苦和爱不是理所当然的这一道理，理解父母作为家长的种种不易和存在局限的可能，以及出现失误或错误的不可避免性，可怜天下父母心，以同理心相待，因为父母依然需要学习、成长和进步。面对未成年的孩子，父母更要懂得了解、认识、发现、理解和亲近孩子的重要性，知己知彼才能百战不殆。因为成长中，特别是处于青春期的孩子，遇到的一个主要问题和难题就是他们的"同一性"正处于混乱之中，他们容易对自己形成不和谐、间断和不完整的自我认知，难以确定哪个是真正的自我，所以，常常会对这个"自我"感到困惑和迷茫。加之，他们在面对不断增强的学习压力、亲子关系和紧张的人际交往的同时，还要承受青春期身心快速变化和发展所带来的困惑、焦虑和逆反，所以就容易出现心理扭曲和障碍，如果不能得到及时的缓解与有效的释放，他们的心理就很容易崩溃，发生极端行为，甚至走向危险境地。因此，父母需要做的就是走进孩子的内心，给予他们充分的温暖和理解，掌握他们的所思所想，为他们排忧解难，做父母最重要的就是永远都要和孩子站在一边，一个始终被爱和温暖包裹的心灵必定是坚不可摧的。

从学校和老师的角度来说，一方面，老师要让学生懂得亲近老师、主动和老师沟通交流和积极配合老师的重要性，特别是在校内校外遇到困惑和困难时，如学习、情感、心理和人际交往等，要让学生及时得到老师的理解、支持和帮助，从而提升自己辨别是非、沟通交流、人际交往和面对与处理各种矛盾和问题的能力与技巧，锻造出属于自己的综合素质和强大心理，胸有成竹，所向披靡。另一方面，相对于父母来说，老师的教育经验更加丰富，在常年与学生的接触和交往中对学生的学习、思想与精神状态和各种变化，尤其是情感和心理变化更加敏感，更容易在第一时间发现学生的异样和问题。因此，老师可以充分利用这一优势及时给予学生，特别是已经出现严重心理障碍或有极端行为趋势的学生引导、帮助和干预，用难得而珍贵的师生情在他们的心里“种桃、种李、种春风”，让他们获得来自老师和学校最温暖、最特别的、最美好的爱护和力量。同时，打开心扉，在家校间搭建起一座相互信任、相互支持和畅通交流的彩虹之桥，共同认识到处于青春叛逆阶段的青少年常常对教育者，即对父母和老师有明显的“反控制”和“对抗”心理。老师、父母越有情绪、越易发火，他们就越发反感和反叛，进而，将扭曲心理发展至极端状态，甚至产生极端行为的身心特点。老师要让学生、孩子自由、自信、快乐和幸福地游走在学校、家庭广阔和阳光的天地之间，健康成长，一直走向无限美好的未来。

总之，面对当下儿童青少年严重的心理健康问题和极端行为的倾向或事实，我们必须对现行教育理念、制度和社会风气、价值观进行彻底的反思和觉醒，驱散“重分数轻能力、重结果轻过程、重学习轻健康、重共性轻个性、重智育轻道德”的畸形社会氛围，不再让孩子、学生既承受了沉重的压力，又背负上巨大的心理负担，把他们的人格健康和人性发展置于次要地位，进而让他们渐渐地丧失自我、丧失健康、丧失快乐，甚至丧失生命。所以，蔡元培先生这样说：“教育者，非为已往，非为现在，而专为将来。”儿童青少年的成长只有一次，我们的教育无法重来。

面对他们的成长，我们不是因为有希望才坚持，而是因为坚持才有希望。

真心希望，老师、父母、学校和社会可以一起形成合力，共同培养身心健康的儿童青少年，让温暖与阳光永驻在孩子们的心里，不管今后他们走多远，归来依然是少年。

第五章
扬帆远航：儿童青少年健康成长方略

儿童青少年成长和教育都是有规律的，同时也是一门系统科学和艺术，唯有父母、老师和孩子三方共同努力，遵循教育规律并适时调整、改进和与时俱进，从整体上参照儿童青少年健康成长方略做出积极的努力，才有可能到达预期和理想目标。

人生就像一次生命的旅行，或父母相依，或小伙伴携手，或朋友相伴，一起领略着一路风光，共同经历着风风雨雨、阳光灿烂，体味着平坦坎坷，品尝着酸甜苦辣，记录着点点滴滴的感受，经历着一次次神奇的时光历程，描绘着一幅幅五颜六色的人生图画，分享着一路起起伏伏的心情，收获着一种种耐人寻味的情感，创造着一个个不可思议的奇迹，唱响着一段段心中荡漾的美好旋律，飘洒着一片片漫天飞舞的奇彩花瓣，畅想着前方旅途的无限希望和梦想……无论一路顺风，还是荆棘密布，都将不再回头，一路前行，走向人生旅途的一站又一站，直到充满无限想象的人生终点。

卢梭说："人类正因为从孩子长起，所以人类才有救。"儿童青少年时期是人生中最精彩、最宝贵的时光，也是打下人生基础的关键阶段，更是形成人生观、价值观和世界观的重要时期，同时，儿童青少年时期又是探索生命目标与意义、建立自我意识与思想、形成个性习惯与人格的关键时期，所以，机不可失，时不再来，我们唯有加倍珍惜和努力。

毛泽东主席曾经对青少年这样殷殷期望："世界是你们的，也是我们的，但是归根结底是你们的。你们青年人朝气蓬勃，正在兴旺时期，好像早晨八、九点钟的太阳，希望寄托在你们身上。"儿童青少年在成长的旅途中，都会留下一道道成长的痕迹。然而，时间却如一块橡皮，它或许可以轻易抹去他们那些曾经有心无心错过的记忆，但却抹不掉因过错而烙印在他们心头上的那一道道印迹。其实那些错过或过错往往就在一念之间，所以，不必因为错过的事情而耿耿于怀，也不必因为过错而忧心忡忡，更不必因此而放弃自信和理想。人生短暂而不易，切不可把宝贵的时间浪费在已经从生命中滑过的那些并不重要的事上，而错过了真正应该拥有的一切无限发展机会。正如冰心先生语重心长道："青年人！信你自己罢！只有你自己是真实的，也只有你能够创造你自己。"

一、从多个维度做好儿童青少年成长教育

儿童青少年成长和教育都是有规律的，同时也是一门科学和艺术，我们只有遵循规律并适时调整、改进，努力做到与时俱进，才有可能接近或达到预期和理想目标。为不断提高教育质量与水平，积极、有效促进儿童青少年的健康成长，为他们营造一个有利于教育的优良环境，给他们的成长创造出无限的可能和机会，我们着力从以下几个维度和方面做出探索和努力。

其一，从儿童青少年自身的角度来说，在完成学习任务和接受智力等方面教育的同时，要积极拓展自身成长与发展的空间和机会，不断丰富学习与实践的内容和经验，提升兴趣和综合能力，适应各种条件和环境变化所带来的挑战和考验，从中锻造自己面对和抵抗各种冲击与压力的良好心理素质。同时，努力培养自己人际交往的能力和技巧，广交朋友，丰富情感，强大心理，从同学和老师身上学习好经验、好方法和好习惯，弥补自身的种种不足和局限，不断完善自己，并学会和养成主动接受别人帮助的意识和习惯，让自己始终都能够获得支持和力量的更多机会，从而赢得优良的生活、学习外部环境和条件，助力自己顺利、健康和快乐成长。

与此同时，儿童青少年还要养成健康的生活方式，除了积极参与各项有益的活动和坚持运动锻炼外，特别是要注重自己良好

性格和丰富情感的培养，懂得理解、尊重和关心父母，学会控制和管理好自己的情绪，努力养成自觉、自立、自律和自省的意识与习惯，积极参与家务劳动，锻炼并丰富自己独立生活的能力，在和谐温暖的家庭氛围中收获爱与情感的力量，快乐生活、努力学习、健康成长。

另外，儿童青少年还要努力提升自我认知能力，懂得尊重生命、敬畏生命、珍惜生命，懂得尊重自己、尊重父母、尊重别人。就如罗曼·罗兰所说："世界上只有一种英雄主义，那就是了解生命而且热爱生命的人。"人生必定会经历风风雨雨、坎坎坷坷，但是，不经历风雨又怎能见彩虹，不经历坎坷又怎能见坦途。因为，人生既包含着一天，而一天却又象征着一生；我们要做的唯有尊重和珍惜。就像百度资料上一篇散文所描述的："生命是精美的小诗，清新流畅，意蕴悠长；生命是优美的乐曲，音律和谐，婉转悠扬；生命是流淌的江河，奔流不息，滚滚向前；生命是翱翔的雄鹰，搏击蓝天，展翅高飞；生命是绵延的山峰，壮丽挺拔，雄伟耸立。"古往今来很多人都写下了对于生命的感悟：生命是龚自珍笔下"落红不是无情物，化作春泥更护花"的献身精神；生命是文天祥笔下"人生自古谁无死，留取丹心照汗青"的浩然正气；生命是苏东坡笔下"谁道人生无再少，门前流水尚能西"的超脱与豁达……

其二，一定要努力获得榜样的力量。在当下很多不良社会风气肆意横流的情况下，儿童青少年要自觉、主动远离那些低俗、庸俗和不健康的人和事，以免受到消极和不良的影响，冲击自己的价值观偏离正确轨道。心中有榜样，成长有力量。不仅要向以下这些为国家和民族做出突出贡献的人民英雄学习靠拢，比如中国航天事业奠基人、国家杰出贡献科学家、两弹一星功勋奖章获得者钱学森；中国“最美奋斗者”雷锋；农业科学家、中国杂交水稻事业的开创者和领导者“杂交水稻之父”袁隆平；理论物理学家、中国核武器事业的开拓者“两弹一星”功勋奖章获得者程开甲；特级航天员、中国首位太空教师王亚平等人，更要让他们的崇高而伟大的精神鼓舞自己奋发图强、勇往直前，成长为国家的有用之才，鼓舞自己舍己为公，大公无私，全心全意为人民服务，所以，儿童青少年不仅要努力活出生命的精彩，更要积极活出生命的价值与意义。

其三，从作为家长的父母和为人师表的老师角度来说，家庭是孩子的第一所学校，父母是孩子的第一任和终身的老师。正如教育家蔡元培先生所说：“家庭者，人生最初之学校也。”可见，家庭教育就是教育之源，是一切教育的基础。学校教育和社会教育都是在家庭教育的基础上展开和进行的。在孩子的启蒙和终身教育中，具有不可替代的特别作用。父母在孩子面前的所有言行无时无刻不在潜移默化地影响着孩子的发育和成长，家庭教育又往往在孩子的性格和心灵塑造上起着决定性的作用，并且家庭教育又将持续地与学校教育和社会教育一起伴随着孩子一生的成长。然而，根据当下教育的现状和儿童青少年成长的实际，特别是他们的身体和心理健康状况这堪忧的现实，我们不得不在进行深刻反思，并进行根本性地调整与转变的前提下，重新思考并选择我们教育的正确定位和思想导向，正本清源，拨乱反正，早日让我们的教育重新回到以人为本和知行合一的光明轨道上，还教育于青山绿水的自然生态，造福孩子的健康成长。这里，父母要着重把握好以下几个方面分寸和尺度，以及能力的方向。

一方面我们要彻底改变以“学习成绩”为中心和导向的错误理念和思想，将孩子的身心健康和综合素质与能力培养重新放到促进孩子全面、正常、积极和健康成长的首要教育地位上。另一方面彻底扭正对孩子学习与成才的评判标准，正确看待孩子生活、学习和成长过程中出现的一切所谓“失误”“偏差”“错误”，特别是青春期“叛逆”，明确父母自己的角色和定位，不“错位”，不“缺位”，不“越界”。再一方面经常反思，适时反省，进而完全明晰“孩子的问题就是父母的问题”的家庭教育前提，清醒地认识到“任何一张考卷都考不出孩子的综合素质”的根本道理，彻底把家庭教育对孩子的培养目标转移到教育的本真上，即教育就是要铸就生命之魂，一个是做人的底线的德性，另一个是知识能力的智性，这两者才是孩子未来生存发展的真本领。哈佛大学托尼·瓦格纳博士的一句话给了我们很大启示：“在现代社会，人们已经不在乎你懂得多少，而在乎你用你懂得的做了些什么。”我们在撒播知识种子的同时，还要向他们撒播做人的良种，让知识体系和价值体系有机地融合为一体，互相渗透，互相支撑，让孩子的思想情操受到感染和熏陶，让孩子的价值取向逐渐向光而行。因为，我们今天的教育质量，就是我们明天的国民素质。

二、为孩子补上“生命教育”的重要一课

生命教育的忽视与缺失已成为我们当下教育的一大短板，某种程度上它也是造成近年来儿童青少年心理健康问题凸显、极端行为频现的一个重要原因，因此，必须高度重视并积极而强有力地给孩子补上这重要而关键的一课，耽误不得。据了解，近年来，青少年轻生、自残、危及亲人和社会的恶性事件时有发生，并呈现出低龄化的趋势。因此，孩子、学生们的生命教育就成了家庭、学校以及社会在教育上的当务之急，刻不容缓。首先，生命教育就是我们要帮助孩子、学生们认识、尊重、珍惜、热爱和发展生命，端正他们的生活态度，提高他们的生存技能和生命质量。其次，要从生理、心理和伦理三个方面全面关注孩子、学生们的生活、学习、交往、运动，以及成长的生命历程，启发并引导他们深刻认识生命的价值和意义，感悟生命的来之不易和弥足宝贵，从而建立起尊重、珍惜、敬畏和热爱自己生命的牢固意识，走好、过会人生的每一步、每一天。正如泰戈尔所说：“教育的目的应该是向人类传送生命的气息，既包括内体生命，也包括精神生命。”

生命，属于我们每一个人的只有一次，且独一无二。儿童青少年正是奠定他们未来人生发展方向的关键时期。我们的家庭教育和学校教育应该着力于孩子、学生完整人格的均衡发展，父母

和老师的首要任务就是要注重启发、引导和帮助孩子、学生的生命向着积极和均衡的方向发展。并且，从行为习惯养成、精神滋养、智力开发、适应生活的能力、自我保护意识和心理抗压能力等各个方面入手，全面提升孩子、学生在情感、交往和互动交流方面的能力与技巧，实现综合素质与能力的均衡发展。生命教育作为孩子、学生健康成长和身心发展重要前提，父母和老师的第一要务就是要将生命教育成为家庭教育和学校教育的主旋律，并贯穿他们成长的全过程。

儿童青少年时期对生活的向往和人生的憧憬比任何时期都更加充满激情和活力，想象力和创造力更加丰富，他们对未来生命精彩的渴望也更加强烈。因此，珍爱生命、热爱生活，应该成为他们身心健康的一个重要标志。我们只有让他们越来越体味到生活的无限美好和乐趣，才能充分发挥他们无限生活与生存潜力，才能真正树立起战胜一切困难和挫折的信心。就像诗人汪国真在《热爱生命》一书中写到的："我不去想是否能够成功，既然选择了远方，便只顾风雨兼程；我不去想身后会不会袭来寒风冷雨，既然目标是地平线，留给世界的只能是背影；我不去想未来是平坦还是泥泞，只要热爱生命，一切都在意料中！"

因此，父母和老师应该成为孩子、学生善待生命的榜样，在点滴的言行中都向他们传递出积极而阳光的信息，由己及人：我们每一个活生生的生命，都是天地间最为神奇的创造，我们每个人一生只能拥有这宝贵和唯一的机会，所以，无论我们无论遇到或处于什么样的困难和痛苦境地，都应该珍惜自己、接纳自己、善待自己，永不放弃生的希望。特别是父母，要以身作则地向孩子展现出积极的生命态度：当我们把自身打造得越来越优秀时，一切困扰我们的问题或痛苦就会自然而然就解除了；所以，我们完全不必把有限的精力和时间放在那些无足轻重和暂时无法解决的事情和问题上，而应该把我们的注意力集中在如何把自身变得更优秀的自信上，放眼长远和未来的一切可能与希望，只要我们强大了，一切自然就会向着我们期盼的方向改变和实现。我们一定要在有限而短暂的人生旅途中，始终保持积极乐观和向上向好的人生态度，不断地努力、奋斗和拼搏，创造出生命中的一个个辉煌，享受人生应有的健康、快乐和幸福！因为生命无价，所以善待生命！

再就是，我们强烈地呼吁学校首先把“生命教育”列为一门所有学生的必修课，并贯穿学校教育的始终。老师和学校要主动承担起培养和教育学生认知生命意义与价值的历史责任，填补并满足家庭教育对于孩子个性发展教育的不足和专业需求，在进行智力、劳动和德育教育的同时，重视对有生理发育缺陷和出现心理健康问题的学生及时给予有针对性和个性化的生命教育。因此，我们建议学校把生命教育和语文、数学、科学等课程一并设立，与家庭教育和社会教育一起共同构成一个完整的生命教育体系，完成学生接受教育的全面而完整的结构，实现教育的均衡发展。学校和老师应该充分发挥自身教育在资源性和综合性上的优势，结合学生的个性化认知特点、身心发展规律和个性化表现，以及各学科中相关生命教育的知识，积极启发和引导学生从日常生活情景中去感受、体验和认知生命的特点与本质，进而积极感知生命存在的价值和意义，渐渐地找到主动适应生活和社会感觉，并不断地提高面对生活和学习中一系列实际问题的分析与解决方法能力，在丰富和生动的生命教育过程中充分地体验和享受生命的精彩与魅力；使学生养成终身探索生命的奥秘与乐趣、积极向上思维和正确、认真面对生命的良好习惯，从而让学生能够拥有生命成长和人生发展的强大动力和精神力量；同时让他们从此真正地懂得“生活的理想，就是为了理想的生活”和“谁虚度年华，青春就会褪色，生命就会抛弃他”这些道理。

一个人要获得并享有健康、快乐和幸福的人生，首先就要拥有一个积极、阳光和健康的心态。青少年，一个肩膀挑着自己成长的重担，另一个肩膀挑着国家未来的希望。因此，他们积极的个人体验、积极的个人特质、积极的价值观以及积极的人际和社会关系，就是我们教育的重要目标和方向。帮助他们打好这些基础并获得积极的效果，才能收获他们成长和教育的希望，我们唯有努力、再努力，才能让温暖的阳光一直照亮孩子的心灵，真正培养青少年积极、阳光的心态，为他们的健康成长和快乐生活保驾护航。其次还要拥有辩证的思维方式，就如著名思想家、教育家、哲学家冯定先生所说：“人生就像解方程，运算的每一步似乎无关大局，但对最终求解都是必要的。结果往往令人神往，我们却更喜欢过程本身，过程就是结果的奥秘所在。”

三、如何帮助儿童青少年构建良好的心理素质

我们知道，良好的心理素质是获得积极阳光心态的前提和基础。所以，儿童青少年要主动接受父母和老师的引导、帮助和监督，从以下几个方面做出积极的努力。

1.正确面对和认知自身存在的不足。世界上从来没有两片相同的树叶，有的树早开花，有的树晚开花，有的树可能不开花，但今后可能就会长成参天大树。尺有所短，寸有所长；人无完人，金无足赤；任何人不可能尽善尽美完美无缺。我们每一个人身上都会有这样那样的不足和缺点，不必因此而烦恼和纠结，不必因此而消沉和悲观，更不必因此而忽略或掩盖了我们身上的优点和闪光点，从而顾此失彼，得不偿失，失去了前行的自信和力量。所以，我们要学会接纳不完美的自己，接纳自己的缺点或不足，只要能够积极面对所出现的问题，尽早弥补和改变，就会获得他人的尊重与信任，拥有好心情。

2.培养规律的生活习惯。如积极运动、按时作息、劳逸结合等，每天努力完成自己定下的计划和任务，这样才会收获成绩、自信和快乐。只要把自己的生活、学习和娱乐安排得井井有条、充实而有序，就能让自己的日子变得丰富多彩，最终获得幸福和快乐。

3.积极培养人际交往能力，广交朋友，并学会主动与人沟通

交流。特别是自己出现负面情绪的时候，要学会积极主动和家人、同学和朋友及时进行沟通交流，尤其要学会主动寻求父母、家人的理解、包容、支持和鼓励，因为，任何时候他们都是自己最好的精神伴侣和最大的力量支撑。父母、家人是亲人，同学、朋友是伙伴。一个篱笆三个桩，人的一生不能没有朋友，因为，有一种力量，能把你从绝望的边缘拉回到希望的岸边；有一种力量能让你在悲观失望时重拾自信希望；有一种力量，能在你面临困难时，助你一臂之力。这种力量就是朋友和友谊的力量。恰如散文《友谊的力量》所写道的："友谊是夏日里的一缕清风，驱走了炎热与干燥，多了一分清凉与惬意。友谊是沙漠里的一处绿洲，蓄积了足以滋养生命的水，给旅行的人们带来甘甜。友谊是冬天里的一把火，燃烧了深夜里的寒冷与寂寞。朋友带给我们友谊，朋友陪伴我们走过一程又一程。"

4. 兴趣爱好就是最好的老师。努力去做自己喜欢和应该做好的事，尤其是自己的兴趣和爱好，如读书、画画、听音乐、看演出等，让自己在丰富而精彩的活动中找到自己的快乐和满足。让这些轻松和快乐及时驱散一时的不快与焦虑，让充盈的内心赶走所有的低落与压抑，而后就是流入自己心田的一股股潺潺清泉……

5. 学会自信，它是打开成功之门的钥匙，是成功路上的铺路石。人生就像一座巍巍的高山，只有充满自信、努力向上攀登的人，才能达到山顶，看见无限风光。因为，自信的力量足以让柔弱的小草冲破土地的压迫，破土而出，尽显生机；自信的力量足以让一滴滴水珠穿透坚硬的石块，显示出顽强的力量；自信的力量足以让峭壁间的苍松傲视风雪，舒展出坚韧的生命身姿。一个人只有相信自己，才能实现自己理想。再远的路，走着走着就近了；再高的山，爬着爬着就平了；再难的事，做着做着就顺了。没有自信的人，就不会顺利成长；没有自信的人，就无法坚强。自信吧，孩子！有了自信，才会拥有真正的自我；有了自信，才会拥有属于自己的成功；有了自信，才会拥有辉煌灿烂的人生！

“我是一个明天还没到就把后天想得很美好的人!”——这是我年近花甲人生的一点切身感悟，借此我想把这句心里话送给儿童青少年、父母、老师和读者朋友，与你们分享生活的乐趣、人生的精彩和生命的光亮。最后，真心希望我们的每一个儿童青少年像一朵朵美丽的向日葵，永远面向爱的阳光，笑迎未来，活出自信、灿烂和最美的自己！

后　记

我的第一本教育心得《别把孩子带“歪”了》面世以来，收到了来自各方的高度关注和真诚建议，让我受益匪浅，感动不已。其中，广大读者朋友对于陪伴和教育孩子过程中所遇到的种种相似的困惑和遭遇，充满了急于获得有效方法和手段的强烈愿望，由此激发了我进一步将多年教育与实践的心得，特别是一些成功的实践经验与广大读者朋友分享和探讨的“冲动”。让我浮想联翩，彻夜难眠。随后，再写一本具有现实性和针对性的教育心得的想法得到了中央民族大学出版社赵秀琴社长的高度认可，因此成就了本书的出版。

具有教科书式内容与形式的写作，对于我来说是第一次，因此缺乏经验和技巧，也可以说是一次积极的尝试和巨大的挑战。但是，心理学家傅小兰教授的信任、鼓励和指导，以及出版社赵秀琴社长的大力支持，坚定了我接受挑战的信心，历经一个多月艰苦的闭关写作，我终于如期完成了初稿，并在出版社各位专家与老师们的耐心指导和全力帮助下，成就了我这本书的“探索之旅”。尽管如此，与其说我又写作并出版了一本教育心得，不如说由此给了我一次系统、全面再次学习和总结教育实践经验的机会，让我受益匪浅，感激不尽。

所以，在本书成书和出版之际，我要特别感谢傅小兰教授伯乐般的信任和教导，并为本书作序；感谢师长彭兴业老师始终如一的点拨和激励；感谢董力民和王津津兄嫂亲情般的关爱和助力；感谢亚洲教育论坛荣誉秘书长姚望先生的抬爱与鼓励和刘秀 华老师的信任支持；感谢挚友陈佩斯兄长和王燕玲老师一如既往的厚爱；感谢好友胡九龙的真知灼见；感谢同学、老友顾群、徐畅江、和丽贵、兰宏强、邰烈虹、王建国和杨红菊始终如一的贴心关怀和支持；感谢师兄符策虎老师的适时指导；感谢北京市第十九中学校长高新桥、北京市中关村第三小学校长杨刚和昆明市盘龙小学教育集团党委书记、校长高辉的鼓励寄语；感谢孩子、家长们和广大读者朋友的信任和鼓励；感谢家人无私的奉献和一如既往的温暖支持；感谢“晓云教育文化”工作室同人以及所有关心、鼓励和支持我的亲朋好友。最后，要特别感谢中央民族大学出版社赵秀琴社长的潜心策划和大力支持，以及责编罗丹阳博士的倾力相助和艰苦付出，出版社相关专家、老师们的不吝赐教和辛勤付出，才使得本书如期顺利出版。由于受到自身的局限，书中不足或不妥之处还请读者朋友们不吝赐教，我将继续努力和提高。